Contents

KV-579-523

AnstoΒ 1

Carole Shepherd | Angela Heidemann | Andy Giles

Acknowledgements:

The authors would like to thank Joe Doll and associates for his musical contributions to Anstoß; Tim Weiss, Vicky Weber and all the Modern Languages staff at Hodder & Stoughton who have been involved with this project.

In addition we would like to thank teachers and students of German at Ryton Comprehensive, Gateshead for their ongoing advice to the authors.

Last, but not least, we would like to thank our families for their encouragement and support during the long hours we spent writing and proof-reading, in particular Caterina Bidetta, Bernhard, Ben and Nick Heidemann.

The authors and publishers would like to thank the following for permission to reproduce copyright materials; every effort has been made to contact the copyright holders:

Porsche logo, p10, Porsche Aktiengesellschaft; Rover logo, p10, MG Rover Deutschland GmbH; VW logo, p10, Volkswagen AG; lottery ticket, p28, Westdeutsche Lotterie GmbH & Co; Bundesliga 2000 – Der Fussball-Manager, p120; Bravo Sport 21/10/1999.

Photo acknowledgements:

Handshake, Photodisc Volume 35, pic 35285, p2; Albert Einstein, ILN CD, p8 and p26; Arnold Schwarzenegger, BFI Films: Stills, Posters and Designs (No: 272679), p8; Michael Schumacher, Neal Simpson / EMPICS, p8 and p26; Steffi Graf, Tony Marshall / EMPICS, p8 and p26; young boy in Lederhosen, Photodisc World Commerce and Travel, vol 5, no. 5209, p12; view of Stuttgart, photodisc vol.22 nr. WL000583 (CD Nr. 22115), p18; view of Salzburg, photo disc TR001594 (CD Nr. 5224 LAN020: Volume Series 05), p18; view of Basle, David Simson, p18; view of Vaduz, David Simson, p18; Eiffel Tower, pic 5244, Photodisc World Commerce and Travel, vol 5, p18; view of London pic 22013, photodisc European Landmarks, disc B, p18; FC Hansa Rostock clothing, Matthew Ashton/ EMPICS, p23; FC Bayern München team photo, Jon Buckle/ EMPICS, p23; 1 FC Kaiserslauten stadium, Adam Davy / EMPICS, p23; Claudia Schiffer, Corbis ZMIT13980727, p26; man with beard, EK004715, Earl & Nazima Kowall / Corbis, p41; baby girl, Photodisc 33 The Signature series, Everyday People 2, SS33004, p41; teenager (on left), Dave Simson, p58; teenager (on right), Photodisc 33 The Signature series, Everyday People 2, SS33031, p58; teenager (on left), Getty Images, David Lees, BA15066, p59; teenager (in middle), Photodisc 33 The Signature series, Everyday People 2 SS33035, p59; teenager (on right), Photodisc 33 The Signature series, Everyday People 2 SS33036, p59; 2 teenage boys and 2 girls talking to each other in a classroom, David Simson, p64; 2 people dancing, Bettmann/ Corbis BE077632, p66; teenager, Photodisc 33 The Signature series, Everyday People 2 SS33034, p76; teenager, Photodisc 33 The Signature series, Everyday People 2 SS33025, p76; teenager, Photodisc 33 The Signature series, Everyday People 2 SS33033, p76; teenager, Photodisc 33 The Signature series, Everyday People 2 SS33037, p76; teenager, Life File / Tim Fisher, p77; teenager, David Simson, p77; German house, Life File/ Ron Gregory, p85; Swiss apartment block in a city, Life File / Guy Usher, p85; residential building in an Austrian town, Life File / David Kampfner, p85; 12 year old boy, David Simson, p118; Michael Schumacher, Steve Mitchell/ EMPICS, p124; handball players, Aubrey Washington / EMPICS, p131; Kegelbahn, David Simson, p131; rodeln, Michael St. Maur Sheil/ Corbis SH003211, p131; Dracula, BFI Stills, Posters and Designs, p137; Little Red Riding Hood, Bettman / Corbis E4509, p137; Sean Connery as James Bond, BFI Stills, Posters and Designs, p137; Heidi, Mary Evans Picture Library, p137; German meal, Dave G. Houser/ Corbis, p148; cheese, Sandro Vannini / Corbis, p148; waitress, Paul A. Souders / Corbis IH172279, p151; cafe, Life File/ Emma Lee, p152 and p162; Imbiss, David Simson, p155; Easter eggs, Corbis JC002508 / Philip James Corwin, p156; Easter bonfire, Joseph Sohm, ChromoSohmInc / Corbis JS005681, p156; Easter cake, David Simson, p156.

Orders: please contact Bookpoint Ltd, 130 Milton Park, Abingdon, Oxon OX14 4SB. Telephone: (44) 01235 827720. Fax: (44) 01235 400454. Lines are open from 9.00 - 6.00, Monday to Saturday, with a 24 hour message answering service. Email address: orders@bookpoint.co.uk

British Library Cataloguing in Publication Data
A catalogue record for this title is available from the British Library

ISBN 0 340 782307

First Published 2001
Impression number   10 9 8 7 6 5 4 3 2 1
Year   2007 2006 2005 2004 2003 2002 2001

Copyright © 2001 Carole Shepherd, Angela Heidemann, Andy Giles

Cover photo from **The Apple Agency Ltd**
Typset by **CarlaTurchini, Graphic Design**
Printed in Dubai for Hoder & Stoughton Educational, a division of Hodder Headline Plc, 338 Euston Road, London NW1 3BH.

Hallo!

Before writing **Anstoß** we asked a number of students what they liked and disliked about learning German and their current textbooks. In **Anstoß** we have tried to act on their advice and to include language which you will find interesting, fun and also useful during a visit to a German-speaking country.

We have created a cartoon based on the lives of a group of young people who play in a band and want to be rich and famous. The cartoons use German in realistic situations and show you the sort of language young German speakers use all the time. We hope you will enjoy reading the cartoons and finding out what happens to Heinz, Pia, Yasemin, Laura, Matthias and David.

We have also asked a German musician to create our own rap songs for the Anstoß-Band. These raps revise the main vocabulary in each unit. You can just listen to them or you can sing along – you could even create your own raps in a similar style. We hope you will find it a good way to learn the new words and phrases!

We have tried to make all the activities in **Anstoß** as interesting and as varied as possible. At the end of each chapter there are *Leseseiten* which give you some additional reading practice; *Aussagesätze* which list the key phrases you have learned in the chapter; and finally a *Grammatik* section which sums up the new grammar which has been introduced in the chapter. We hope in this way you will be able to build up a good range of vocabulary and grammatical structures.

Viel Spaß mit **Anstoß**!

Carole Shepherd, Angela Heidemann, Andy Giles

The following symbols are used in this book:

Reading activity			Pair work
Listening to a song			Group work
Listening activity			Games icon
Writing activity			Reminds you not to write in the textbook – copy the table or box into your own exercise book.
Speaking activity			

Aussagesätze
These pages list the key phrases you have learned in each chapter.

Aussprache
These boxes give helpful advice on how to pronounce words and letter combinations which English speakers find difficult.

Grammatik
These boxes sum up grammatical information introduced in each chapter – you can use them as a reference when attempting homework activities or when the teacher is not available in class.

Sprachtipp
These boxes give helpful advice on grammatical structures.

Vokabeltipp
These boxes give useful vocabulary related to the topic. We do recommend you learn as many of these words as you can!

Erste Hilfe
These boxes give vocabulary related to a specific listening or reading activity.

Kulturtipp
These boxes give an insight into the culture of German-speaking countries.

Leseseiten
These pages give you additional authentic reading material.

Wörterbuch
These boxes give you useful advice on how to use a dictionary.

www.
These boxes give useful website addresses. Obviously some of these may change after the book has gone to print. We will make every effort to check these regularly and post changes on the Hodder and Stoughton **Anstoß** website: www.anstoss.co.uk

Pass auf!
These boxes give you advice about expressions you will need to use regularly.

Lerntipp
These boxes give you some useful study tips.

Einheit A — Wie geht's?

Lernziele

In Unit 1A you will learn how to
- *greet people*
- *ask people how they are*
- *say how you are*

1 Die Geburtstagsparty (1)

Lies den Cartoon und hör zu!
Read the cartoon and listen to the tape.

Guten Tag, Frau Schuh! Guten Tag, Herr Schuh!

Guten Abend, Herr und Frau Schuh!

Guten Abend, David und Laura! Kommt rein!

Wie geht es dir, Laura?

Danke, sehr gut. Und wie geht es Ihnen?

Es geht mir gut, Laura.

Für Sie!

Oh, danke schön. Das ist ja nett!

Hallo Heinz!

Hallo David! Hallo Laura! Alles klar? Kommt mit!

Alles klar. Wie geht's dir?

Mir geht's toll.

Herzlichen Glückwunsch zum Geburtstag!

Danke!

2 **Lies den Cartoon und hör noch einmal zu!**

Kreuze an: Was sagen David und Laura zu Frau Schuh? Was sagen David und Laura zu Heinz?

Look at the cartoon and listen to the tape again! Put a cross in the right box. What do David and Laura say to Mrs Schuh? What do they say to Heinz?

	Frau Schuh	**Heinz**
Hallo		
Guten Tag		
Guten Abend		

Vokabeltipp Hallo!

There are lots of ways to say "hello" in German. You use different greetings for different times of the day and for different types of people. Here are a few.

Hallo	all day long		**Guten Abend**	in the evening
Guten Morgen	in the morning		**Gute Nacht**	at bedtime
Guten Tag	during the day			

This is how you say goodbye.

Tschüs **Bis bald** **Auf Wiedersehen**

Kulturtipp Saying hello and goodbye

Did you notice that David and Laura shook hands with Mr and Mrs Schuh? Germans shake hands a lot, especially when they meet somebody for the first time or when they want to be polite.

When Germans say "hello", they also often add the name of the person they are speaking to:

Hallo, David!

Guten Tag, Frau Schuh!

N.B. You call adults who are not members of your family **Herr** or **Frau**.

In some areas of German-speaking countries you may also hear different ways of saying "hello". Here are some of them:

Grüß Gott! **Ciao!**

Grüß dich! **Gruezi!**

Servus!

N.B. Servus is common in Austria, **Gruezi** is almost exclusively used in Switzerland.
Another way of saying goodbye is **Adieu!** and **Ciao!**

3   **Hör zu! Guten Tag!**

Hör zu und wiederhole!
Listen and repeat!

4   **Hör zu! Was sagt man?**

Hör zu und sag was!
Listen and speak. You will now hear the five sounds from the previous recording again. This time you have to say the words that are missing.

    Beispiel   1   *Guten Morgen!*

5   **Schreib was! Anagramme**

Finde das Wort!
Find the word.

    Beispiel   O L A H L → *HALLO*

1   I B S B D L A   **3**   T U G E N G A T
2   W A U I E F D R E S H E E N   **4**   N A G U C H T E T

Vokabeltipp   **Wie geht's?**

This is how you can say "How are you?" Again, you use different forms for children and for adults.

Wie geht's dir?   **Alles klar?**

Wie geht es dir?   **Wie geht es Ihnen?**

geht's is the short form of **geht es**. In English you use short forms as well. For example, you can say "I'm" instead of "I am".

This is what you can answer:

Mir geht es	*toll*	☺☺
Mir geht's	*prima*	☺☺
Danke,	*klasse*	☺☺
	sehr gut	☺☺
	gut	☺
	nicht so gut	😐
	schlecht	☹

Can you think of other short forms in English?

S p r a c h t i p p

nicht
Schreib **nicht** ins Buch!

nicht so gut

nicht means "not" and lets us make a sentence negative.

6   **Hör zu! Wie geht's?**

Hör zu und wiederhole!
Listen and repeat.

7　Hör zu! Wie geht's?

Hör noch mal zu und kreuze an.

Listen again and put a cross in the correct boxes.

	🕐	🕐	🕐	🧢	🎩	☺	😐	☹
A Heinz	X			X				X
B Pia								
Laura								
C Frau Schuh								
Frau Klein								

8　Partnerarbeit: Sag was!

Work with a partner or partners!

Beispiel　　A: Guten Morgen! Wie geht's?
　　　　　　　B: ☺ → *Guten Morgen! Mir geht's gut.*

1　A: Guten Tag! Wie geht es dir?
　　B: ☺

2　A: Guten Abend! Wie geht es
　　Ihnen?
　　B: 😐

3　A: Hallo! Alles klar?
　　B: ☺ ☺ !

4　A: Guten Morgen! Wie geht's dir?
　　B: ☹

5　A: Guten Tag! Wie geht's?
　　B: ☺ ☺ !

9　Schreib was! Füll die Lücken im Cartoon.

Write! Fill the gaps in the cartoon.

Hallo	Wie
geht	prima
Guten	so gut
Tag	dir
Alles klar	mir

Einheit B   **Wie heißt du?**

Lernziele

In Unit 1B you will learn
- how to give and ask for names
- about formal and informal German
- the alphabet
- how to spell your name
- some useful classroom phrases

1   Die Geburtstagsparty (2)

Lies den Cartoon und hör zu!
Read the cartoon and listen!

Erste Hilfe

Wie heißt du?	What are you called?
Wer ist das?	Who is that?
Ich heiße …	I am called …
Das ist …	That is …

www.

Vornamen
Find out about typical German names and see the current top 10!
Choose a new name for yourself!
● www.vornamen.com/

2 **Lies den Cartoon noch mal. Wie sagt man das auf Deutsch?**

Read the cartoon again. How do you say this in German?

What's your name?   Who's that?

My name is … .   That's … .

S p r a c h t i p p

Think of how the verb "to be" changes in English: I am, he / she is. In German
it also changes.
Look back at the cartoon:

How does Matthias say "I am Matthias"?

How does Laura say "Who is that?"

How does Heinz say "That's Matthias"?

In German:	
ich bin	I am
er, sie ist	he, she is
das ist	that is

Und wie heißt du?

3 **Schreib was!**

Füll die Lücken mit **bin** oder **ist** aus.

*Fill in the gaps with **bin** or **ist**.*

Beispiel   Ich *bin* Yasemin.

1 Ich _____ Pierre.

2 Er _____ Heinz.

3 Das _____ Yasemin.

4 Das _____ Heinz.

Lerntipp   **My name is . . .**

Have you noticed that there are two different ways
to say "My name is …"? You can say **Ich heiße** …
or **Ich bin** …

There were also various ways of saying "I'm feeling
fine". Can you remember them?

There is often more than one way to say something. It is important that you understand all of
them, but you may only want to use one!

4 **Schreib was und sag was!**

Schreib die richtigen Namen neben die Bilder und lies. Wer ist das?
Write the names next to the pictures and read on. Who is that?

1 **2** **3** **4**

Heinz   Matthias
Yasemin   David

Beispiel

1 *Das ist Heinz*

2 Das ist _____ .

3 Das _____ .

4 _____ .

---

5 **Hör zu und schreib was! Wie heißt du?**

Schreib die richtigen Namen in die Tabelle.
Write the correct names in the table.

Miller   Pia   Laura
Klein   Schuh   Martin
Klein   Schuh   Heinz
Elisabeth

	Vorname	Nachname
1	*Laura*	*Miller*
2	…	

Sprachtipp

Listen to the way Matthias addresses Herr Schuh and Frau Klein. Now listen to the way he asks Pia and Heinz. Did you notice a difference?

In German there are two words for "you": **du** and **Sie**. You should use **du** for friends and members of the family. You should use **Sie** for adults and teachers.

The polite **Sie** always starts with a capital letter.

Wie heißt du?

Wie heißen Sie?

6 **Hör zu! Wie heißt du? oder Wie heißen Sie?**

Listen carefully to Pierre talking to Mr and Mrs Schuh.

1 What mistake does Pierre make when talking to Mrs Schuh?

2 What should he have said instead? Why?

7　**Quiz: Wie heißen Sie?**

Here are some famous Germans-speaking people. Can you find out who they are? You may have to ask a few people to help you.

Aussprache

The German language has a few "difficult" sounds. If you practise saying them properly from the beginning you will soon get used to them!

Hör zu! Ausspracheübung
Listen to the pronunciation.

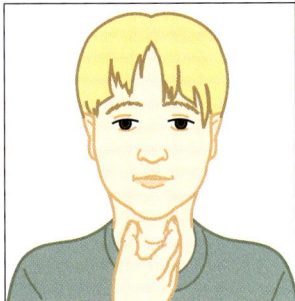

ch is a "difficult" sound. There are two ways of saying it. Listen to the examples on the tape and try to copy them.

The first "ch" should sound like a hiss at the back of your throat. Put your fingers on your throat. When you make this "ch" sound, the vocal chords don't vibrate. So you should not feel any movement at all. It sounds like the first sound in "huge".
ich – nicht – schlecht – sprechen

The second "ch" should sound like you are gargling at the back of your throat. It is the same sound as the "ch" in the Scottish word "loch"! When you make this sound, you should feel your throat vibrate.
Nacht – acht – Sprache – Mittwoch – Buch

8　**Hör zu! Das Alphabet**

Listen to the alphabet.

A	ah	**F**	eff	**K**	kah	**P**	pey	**U**	oo	**ä**	ey
B	bey	**G**	gey	**L**	ell	**Q**	coo	**V**	fow	**ö**	ur
C	tsey	**H**	ha	**M**	emm	**R**	air	**W**	vay	**ü**	ü
D	dey	**I**	ee	**N**	enn	**S**	ess	**X**	eeks	**ß**	ess tsett /
E	ey	**J**	yott	**O**	oh	**T**	tey	**Y**	üpsilon		sharfes ess
								Z	tsett		

9   **Hör zu! Lied: ABC**

Listen to this song. It will help you remember the letters of the alphabet! Why not sing or clap along with the music?

Aussprache

It's easy to get mixed up when you say the alphabet in German!
The German letter **A** is pronounced a bit like the English **R.**
The German letter **E** is pronounced a bit like the English **A.**
The German letter **I** is pronounced a bit like the English **E.**

10   **Hör zu! Am Telefon**

On the phone.

Wie schreibt man das?

Vorname	Nachname
1 JANINA	_____
2 _____	_____

Vokabeltipp   Wie schreibt man das?

Here are more useful phrases for you:

Wie schreibt man das?	How do you spell that?	**Noch mal, bitte.**	Again, please.
Ist das richtig?	Is that correct / right?	**Langsamer, bitte.**	More slowly, please.
Das ist richtig.	That's correct / right.	**Entschuldigung.**	Sorry / Excuse me.
Das stimmt.	That's correct / right.	**Welche Seite?**	Which page?
Das ist falsch.	That's wrong.		
Wie bitte?	Pardon? / Sorry? / What did you say?		

11   **Partnerarbeit. Du bist dran: Sag was!**

Wie heißt du? Wie schreibt man das?
Now it's your turn! What is your name? How do you spell it?

12   **Gruppenarbeit: Autos**

1   Wie heißt das Auto?   *What is the car called?*
2   Wie schreibt man das?   *How do you spell that?*
3   Kannst du Bilder finden?   *Can you find pictures of them?*

PORSCHE

DAIMLERCHRYSLER

w w w .   **Deutsche Autos**
Have a look at cars made in Germany:
- www.audi.de
- www.bmw.de
- www.mercedes-benz.de
- www.opel.de
- www.porsche.de
- www.volkswagen.de

13   **Schreib was! Dialog**

Fülle die Lücken mit den Wörtern in der Kiste.
Fill the gaps using the words in the box.

Tag	Ich	heiße	geht	Danke
heißt	wie	das	schreibt	Ich
es	Prima	Auf	tschüs	bald

A   Hallo!
B   Guten ___(1)___.
A   Wie ___(2)___ du?
B   ___(3)___ heiße Arnold. Und ___(4)___ heißt du?
A   Ich ___(5)___ Sylvester.
B   Wie schreibt man ___(6)___?
A   S Y L V E S T E R.
B   Aha.
A   Und wie ___(7)___ man Arnold?
B   ___(8)___ weiß nicht. Wie ___(9)___ es dir, Sylvester?
A   ___(10)___, gut. Und wie geht ___(11)___ dir, Arnold?
B   ___(12)___.
A   ___(13)___ Wiedersehen, Arnold.
B   Ja, ___(14)___, Sylvester. Bis ___(15)___.

Einheit C Wo wohnst du?

Lernziele

In Unit 1C you will learn
- *how to say where you live*
- *some useful information about German-speaking countries*
- *about verb endings*

1 Die Geburtstagsparty (3)

Lies den Cartoon und hör zu

Hallo! Ich bin der Matthias. Und wie heißt du?

Ich heiße Laura.

Wohnst du in Mainz?

Ich komme aus Österreich, aus Salzburg. Ich wohne jetzt in Mainz.

Und wo wohnst du?

Oh!

Nein, Ich wohne in Balerno. Das ist in Schottland. In der Nähe von Edinburg. Ich bin Schottin!

Wo ist Salzburg?

Das ist im Westen von Österreich.

Heinz macht Musik. Willst du tanzen, Laura?

Wie bitte? Was heißt „tanzen" auf Englisch?

„Tanzen" heißt „dancing"!

Jaaaa! Bitte.

2   **Partnerarbeit: Laura und Matthias**

Woher kommt Laura? Woher kommt Matthias?
Where does Laura come from? Where does Matthias come from?

Name	Stadt	Land
Laura	*Balerno*	
Matthias		

Vokabeltipp

	Fragen	**Antworten**	
Wo wohnst du?	Where do you live?	*Ich wohne in ... .*	I live in ... .
Woher kommst du?	Where do you come from?	*Ich komme aus... .*	I come from ... .
Wo ist das?	Where is that?	*Das ist ... .*	That's ... .
		im Norden /	in the north /
		Osten / Süden /	east / south /
		Westen / (in der) Mitte	west / middle
		von Deutschland	of Germany
		von Österreich	of Austria
		von Liechtenstein	of Liechtenstein
		von der Schweiz	of Switzerland
		in der Nähe von ...	near ...

3   **Woher kommen sie?**

Look at the map in the Kulturtipp on the next page to work out where these people come from.

im Norden
im Westen — im Osten
im Süden

Name	Stadt	Land
Daniela		
Johann		
Maria		
Steffi		

4   **Gruppenarbeit: Ortsnamen**

Some towns and places have different names in English and in German:
Wien → *Vienna*   Rhein → *Rhine*   Bodensee → *Lake Constance*
Compare the map in this book to one in an English atlas.
What other differences can you find?

🌐 *Kulturtipp* **Deutschsprachige Länder**

German is mainly spoken in four countries:

> Servus, ich heiße Steffi.
> Ich komme aus Vaduz.

> Hallo, ich heiße Daniela.
> Ich komme aus Berlin.

> Grüß Gott, ich heiße Johann.
> Ich komme aus Wien.

> Gruezi, ich heiße Maria.
> Ich komme aus Bern.

Berlin

DEUTSCHLAND

Wien

ÖSTERREICH

Bern · Vaduz
die SCHWEIZ   LIECHTENSTEIN

Greifswald
Hamburg
Bremen   Berlin
· Köln
Frankfurt
· Mainz
    Wien ·
München   Salzburg
Basel   Graz ·
· Zürich
Bern

---

5   **Sag was! Partnerarbeit: Wo ist … ?**   😊😊 💬 ✏️

Work with your partner: where is … ?

Beispiel   **1** Wo ist München?   *München ist im Süden von Deutschland.*

2	Wo ist Wien?	Wien ist im _____ von Österreich.	**7**	… Graz?	Graz ist _____.
3	… Zürich?	Zürich ist im _____ der Schweiz.	**8**	… Salzburg?	Salzburg ist _____.
4	… Berlin?	Berlin ist _____.	**9**	… Basel?	Basel _____.
5	… Hamburg?	Hamburg ist _____.	**10**	… Bern?	Bern _____.
6	… Köln?	Köln ist _____.			

---

6   **Hör zu! Wo wohnt er? Wo wohnt sie?**   👂

Wo wohnt er? Wo wohnt sie? Finde es auf der Karte!
Listen! Where does he live? Where does she live? Find it on the map!

7 **Sag was! Du bist dran! Wo wohnst du?**

It's your turn to speak! Where do you live?

Ich wohne in ... **Schottland**

Inverness · Aberdeen
Glasgow · Edinburg
Belfast · Newcastle
Leeds
Dublin · Liverpool · Manchester
Irland **Wales** **England**
Birmingham
Ich wohne in ... Cardiff · Bristol
London
Plymouth · Bournemouth

Vokabeltipp **Länder**

LAND	NATIONALITÄT	SPRACHE
Amerika	*Amerikaner(in)*	*Englisch*
Belgien	*Belgier(in)*	*Flämisch, Französisch, Deutsch*
Deutschland	*Deutscher / Deutsche*	*Deutsch*
England	*Engländer(in)*	*Englisch*
Frankreich	*Franzose / Französin*	*Französisch*
Griechenland	*Grieche / Griechin*	*Griechisch*
Großbritannien	*Brite / Britin*	*Englisch, Gälisch, Walisisch*
Irland	*Ire / Irin*	*Englisch, Gälisch*
Italien	*Italiener(in)*	*Italienisch, Deutsch (Südtirol)*
Liechtenstein	*Liechtensteiner(in)*	*Deutsch*
Luxemburg	*Luxemburger(in)*	*Deutsch, Französisch*
die Niederlande	*Niederländer(in)*	*Niederländisch*
Österreich	*Österreicher(in)*	*Deutsch*
Polen	*Pole / Polin*	*Polnisch*
Russland	*Russe / Russin*	*Russisch*
Schottland	*Schotte / Schottin*	*Englisch, Gälisch*
die Schweiz	*Schweizer(in)*	*Deutsch, Französisch, Italienisch*
Spanien	*Spanier(in)*	*Spanisch*
die Türkei	*Türke / Türkin*	*Türkisch*
Wales	*Waliser(in)*	*Englisch, Walisisch*

Ich komme aus England.	*Ich bin Engländer.*	*Ich spreche Englisch.*
Ich komme aus Deutschland.	*Ich bin Deutsche.*	*Ich spreche Deutsch.*
Ich komme aus der Schweiz.	*Ich bin Schweizer.*	*Ich spreche Französisch.*
Ich komme aus den Niederlanden.	*Ich bin Niederländer.*	*Ich spreche Niederländisch.*

Note that the **die** countries change the **die** to **der** after **aus: Ich komme aus der Schweiz.**
The exception is **die Niederlande**, where it changes to **den: Ich komme aus den Niederlanden.**

---

8 **Hör zu! Hallo!**

Listen to 2 people introducing themselves and note: **Vorname**, **Nachname**, **Nationalität** *and* **Wohnort**.

9 **Quiz: Deutschsprachige Länder**

Here are some details about Germany, Austria, Switzerland and Liechtenstein. Can you match the information to the correct countries? Take care! There is more information than you need!

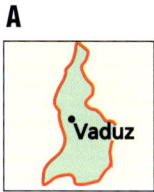

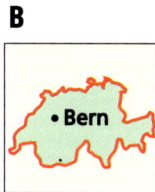

A • Vaduz

B • Bern

C Wien

D Berlin •

	Deutschland	**Österreich**	**die Schweiz**	**Liechtenstein**
Map				
Flag				
Capital				
Currency				
Language(s)				

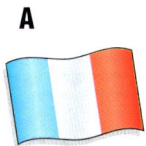

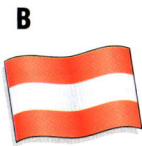

A   **B**   **C**   **D**   **E**   **F**

Franken

Wien   Berlin

Strasburg   Vaduz   Frankfurt

Bern   Rom

Euro

Pfund

Vokabeltipp   **Sprichst du Deutsch?**

Sprichst du Deutsch?
☺ Ja, ich spreche (ein bisschen) Deutsch.

Sprechen Sie Deutsch?
☹ Nein, ich spreche kein Deutsch.

Spanisch

Deutsch

Englisch

Französisch

Italienisch

---

10 **Quiz: Woher kommt das Auto? Buchstabiere!**

Quiz: Where does the car come from? How do you spell it?

(**D**)   (**A**)   (**CH**)   (**F**)   (**I**)   (**GB**)

Beispiel   Das Auto mit D kommt aus Deutschland. *DEUTSCHLAND*

Sprachtipp

Have you noticed how many times the words **kommen** (to come), **wohnen** (to live) and **heißen** (to be called) were used in this unit? These are called verbs. When we speak in English, we use a lot of verbs: I <u>come</u> from York; he <u>comes</u> from Cardiff, she <u>lives</u> in Glasgow, I <u>live</u> in Belfast. When we use "he" or "she" we usually have to put an "s" on the end of the verb.

In German there are different endings according to who is involved in the action. Have a look at the verb **wohnen** (to live). You take off the -en and are left with **wohn-** (the "stem"); then you add endings to the

verb according to who is doing the action of the verb (the "doer"):

wohn- ~~en~~

　　　+ **-e**

　　　+ **-st**

　　　+ **-t**

　　　+ **-en**

ich	**wohne**	I live / am living
du	**wohnst**	you live / are living
er, sie	**wohnt**	he, she lives / is living
Sie	**wohnen**	you live / are living

11　Schreib was!

Look at the cartoon at the beginning of Unit 1C.
Complete these sentences.

1　Ich _____ Laura.
2　_____ du in Mainz?
3　Nein, ich _____ in Balerno.
4　Ich _____ aus Österreich.

12　Schreib was! Verben

Fülle die Lücken aus.
Fill in the gaps.

1　Ich _____ aus Wien. (kommen)
2　Er _____ Pierre. (heißen)
3　Ich _____ in Basel. (wohnen)
4　Du _____ aus Schottland. (kommen)
5　Sie _____ Pia. (heißen)
6　Wie _____ du? (heißen)
7　Heinz _____ in Mainz. (wohnen)
8　Matthias _____ aus Österreich. (kommen)
9　Laura _____ in Balerno. (wohnen)
10　Yasemin _____ aus Deutschland. (kommen)

13　Partnerarbeit: Sag was! Ein Interview

Mach ein Interview.
Interview your partner. Use the questions you have learned in this section.

Vorname: . . . .
Nachname: . . . .
Wohnort: . . . .
Nationalität: . . . .

Aussagesätze

These are the key phrases you have learned in this unit:

Hallo	*Hello*
Guten Tag	*Hello / Good day*
Guten Morgen	*Good morning*
Guten Abend	*Good evening*
Gute Nacht	*Good night*
Tschüs!	*Bye!*
Bis bald!	*See you soon!*
Auf Wiedersehen	*Good bye*

Wie heißt du?	*What is your name?*
Wie schreibt man das?	*How do you spell it?*
Woher kommst du?	*Where to you come from?*
Wo wohnst du?	*Where do you live?*

Wie heißen Sie?	*What is your name?*
Wie schreibt man das?	*How do you spell it?*
Woher kommen Sie?	*Where do you come from?*
Wo wohnen Sie?	*Where do you live?*

Ich heiße Heinz.	*My name is Heinz.*
Ich bin Heinz.	*I am Heinz.*
H E I N Z	*H E I N Z*
Ich komme aus Mainz.	*I come from Mainz.*
Ich wohne in Mainz.	*I live in Mainz.*

Wie heißt er / sie?	*What is he / she called?*
Wer ist das?	*Who is that?*
Woher kommt er / sie?	*Where does he / she come from?*
Wo wohnt er / sie?	*Where does he / she live?*
Wo ist das?	*Where is that?*

Er heißt Jean Paul.	*He is called Jean Paul.*
Das ist Jean Paul.	*That is Jean Paul.*
Er / sie kommt aus Frankreich.	*He / She comes from France.*
Er / sie ist aus Frankreich.	*He / She is from France.*
Er / sie wohnt in Bordeaux.	*He / She lives in Bordeaux.*
Das ist im Norden / Osten / Süden / Westen.	*That is in the north / east / south / west.*
Das ist in der Mitte / in der Nähe von ...	*That is in the middle / near ...*

Wie geht es dir?	*How are you?*
Wie geht's dir?	*How are you?*
Wie geht es Ihnen?	*How are you?*

Danke, sehr gut.	*Very well, thank you.*
Danke, gut.	*Well, thank you.*
Mir geht's toll.	*Great.*
Mir geht's prima.	*Great.*
Mir geht's klasse.	*Great.*
Mir geht's nicht so gut.	*Not so well.*
Mir geht's schlecht.	*I'm not well at all.*

Ich weiß nicht.	*I don't know.*

Leseseiten
Was passt zusammen?

Match the postcards with the messages!

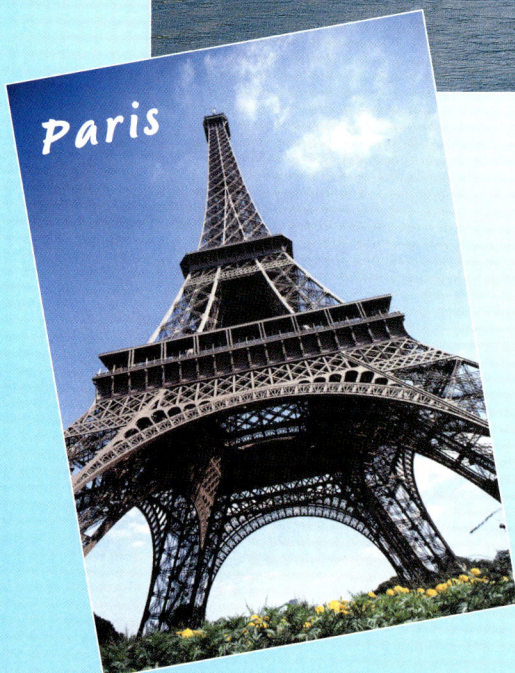

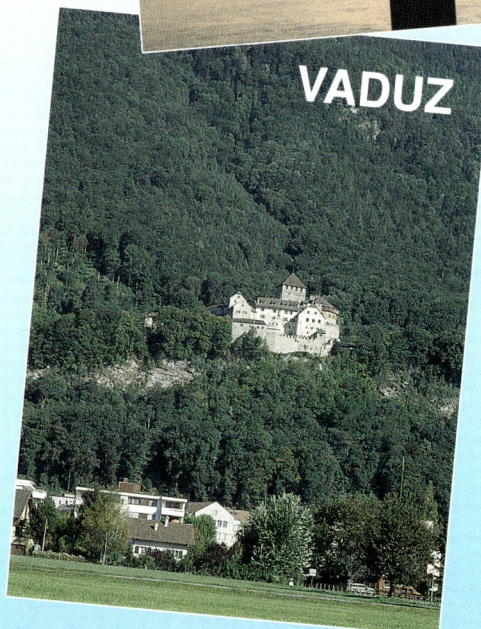

STUTTGART

Salzburg

BASEL

LONDON

Paris

VADUZ

A

Beste Grüße aus Vaduz.
Vaduz ist die Hauptstadt
von Liechtenstein.

Wie geht's dir?

Alles Gute, Bernd

Karlheinz Seibert

Seefeldstraße 67

50588 Köln

Deutschland

B

Viele liebe Grüße aus
Frankreich. Ich bin in Paris.
Paris ist die Hauptstadt
von Frankreich.
Mir geht's klasse, und du,
wie geht's dir?

Dein Thomas

Jan Kimenski

Gartenstraße 40

A-1025 Wien

ÖSTERREICH

C

„Gruezi" aus der Schweiz.
Basel liegt am Rhein.
Mir geht's prima. Wie
geht's dir?

Liselotte

Angelika Mahler

Frankenallee 1

D-60327 Frankfurt am Main

DEUTSCHLAND

D

Gruß aus England. Ich bin
in London. London ist im
Süden.

Mir geht's nicht so gut. Es
ist kalt. Wie geht es Ihnen?

Ihre Frau Bührer

Gerhard Thadden

3010 Bern

Murtenstraße 33

SCHWEIZ

E

Grüße aus Salzburg!
Salzburg ist in Österre-
ich, aber nicht weit von
Deutschland. Mir geht's
sehr gut. Wie geht es
Ihnen?
Kurt Graf

Hans Ronneberg

Bahnhofstraße 18

FL–9490

LIECHTENSTEIN

F

Hallo, ich bin in Stuttgart.

Stuttgart ist im Süden von

Deutschland. Mir geht's

klasse. Wie geht's dir?

Deine Anna

Agnieska Hohmann

4031 Basel

Aaraustraße 10

SCHWEIZ

Grammatik

1 Pronouns

In this chapter you have learned the German words for "I", "he", "she" and "you":

ich	*I*
du	*you* (<u>for friends and family</u>)
er	*he*
sie	*she*
Sie	*you* (<u>polite</u>)

You need to remember the difference between **du** and **Sie**:
- You should use **du** for friends and members of the family.
- You should use **Sie** for adults and teachers.

The polite **Sie** always starts with a capital letter.

2 Verbs

In this chapter you have also seen various forms of the verbs **kommen** (to come), **wohnen** (to live) and **heißen** (to be called). You have learned that in German there are different endings according to who you are talking about. You take off the **-en** and are left with what we call the "stem"; then you add endings to the stem according to who is doing the action of the verb (the "doer"):

komm	-~~en~~
	+ **-e**
	+ **-st**
	+ **-t**
	+ **-en**

ich	**komme**	*I come / am coming*
du	**kommst**	*you come / are coming*
er, sie	**kommt**	*he, she comes / is coming*
Sie	**kommen**	*you come / are coming*

We have also come across a very important verb which works slightly differently:

	sein	*to be*
ich	**bin**	*I am*
du	**bist**	*you are*
er, sie	**ist**	*he, she is*
Sie	**sind**	*you are*

You can also use **ist** with the word **das**:

Das ist   *that is*

3 nicht

Nicht is used to make a sentence negative:
Schreib **nicht** ins Buch!
nicht so gut

Und wie heißt du?

Wie heißen Sie?

Einheit A — Zahlen und Daten

Lernziele

In Unit 2A you will learn how to say
- the numbers 1–31
- the months and the seasons
- how old you are
- when your birthday is
- your telephone number

1 Lies den Cartoon und hör zu! Die Telefonnummer

- Ich bin der Heinz. Ich bin die Nummer eins …
- Heinz ist gut!
- Und du tanzt gut, Matthias!
- Das ist mein Handy. Einen Moment, Laura!
- Matthias Hasler! Hallo, Anna. Ja, okay! – Tschüs!
- Hallo Laura und David! Eure Mutter ist da!
- Oh je! Wie ist deine Telefonnummer?
- Meine Nummer ist 0173 – 334 76 76. Ruf mich an, okay?
- Ja! Tschüs, bis bald!

Erste Hilfe

mein Handy — my mobile phone

2 **Partnerarbeit. Wie sagt man das auf Deutsch?**

Lies den Cartoon und hör zu!

Read the cartoon and listen to the tape! How do you say this in German?

- What's your telephone number?
- My number is …

Vokabeltipp **Telefonnummern**

Wie ist deine Telefonnummer?

Wie ist Ihre Telefonnummer?

Meine Nummer ist … .

Vokabeltipp **Die Zahlen**

0	null	11	elf	21	einundzwanzig
1	eins	12	zwölf	22	zweiundzwanzig
2	zwei	13	dreizehn	23	dreiundzwanzig
3	drei	14	vierzehn	24	vierundzwanzig
4	vier	15	fünfzehn	25	fünfundzwanzig
5	fünf	16	sechzehn	26	sechsundzwanzig
6	sechs	17	siebzehn	27	siebenundzwanzig
7	sieben	18	achtzehn	28	achtundzwanzig
8	acht	19	neunzehn	29	neunundzwanzig
9	neun	20	zwanzig	30	dreißig
10	zehn			31	einunddreißig

3 **Hör zu! ie oder ei?**

Listen to the tape and decide if it should be ie or ei.

Aussprache

Pass auf!

Be careful!

In German **ei** is pronounced
"I" or "aye": **eins**, **zwei**, **drei**
In German **ie** is pronounced
"ee": **vier**, **sieben**, **hier**

ie
sieben
…

ei
eins
…

4 Sag was! Wie viele?

How many?

5 Hör zu! Die Fußballergebnisse

Listen to the football results.

FC Bayern München : Borussia Dortmund	1 : 0
Schalke 04 : Kaiserslautern	
Herta BSC Berlin : Bayer Leverkusen	
MSV Duisburg : FC Hansa Rostock	
SV Werder Bremen : VfB Stuttgart	

www.

Fußball
Look up the latest results for Germany's Fußballbundesliga (national division).
● www.fussball.de

6 **Hör zu! Die Rakete**

Listen and then speak! Count backwards and launch the rocket.

7 **Partnerarbeit: Sag was!**

Wie ist deine Telefonnummer?
What is your telephone number?

Beispiel   Meine Telefonnummer ist 02113 – 364599
null-zwei-eins-eins drei-drei sechs-vier fünf-neun-neun.

1 Meine Telefonnummer ist   0131 – 87 99 564
2   08913 – 59 68 72
3   0044 – 191 – 240 23 88
4   0208 – 43 12 51
5   0611 – 99 23 32
6 Meine Telefonnummer ist   . . .?

8 **Gruppenarbeit: Nationale Telefonnummern**

Wie ist die Telefonnummer für Deutschland, Österreich und die Schweiz?
Wie ist die Telefonnummer für:
Find out the area country codes for Germany, Austria and Switzerland.
What is the telephone number for:

● Heinz (Mainz, Deutschland)?
● Matthias (Salzburg, Österreich)?

Sag sie auf Deutsch.
Say them in German.

Vokabeltipp   **Wie alt bist du?**

This is how you say how old you are:

Wie alt bist du?   *Ich bin zwölf Jahre alt.*

Wie alt sind Sie?

Wie alt ist Peter / Maria?   *Er / Sie ist elf Jahre alt.*

9 **Hör zu! Wie alt ist … ?**

Listen! How old is … ?

1	Wie alt ist	Frau Schuh?	Sie ist … .
2		Frau Osman?	Sie ist… .
3		Matthias?	Er ist… .
4		David?	Er ist… .

Vokabeltipp **Das Datum**

In order to say your birthday date, you need **am** and one of the following:

1st	*ersten*	*20th*	*zwanzigsten*
2nd	*zweiten*	*21st*	*einundzwanzigsten*
3rd	*dritten*	*22nd*	*zweiundzwanzigsten*
4th	*vierten*	*30th*	*dreißigsten*
5th	*fünften*	*31st*	*einunddreißigsten*
6th	*sechsten*		
7th	*siebten*		
8th	*achten*		

Am ersten and **am dritten** are different from the numbers **eins** and **drei**.

But the other numbers simply add **-ten** until 19: **am fünften** and **am sechzehnten**.

After that they add **-sten**: **am zwanzigsten** and **am dreißigsten**.

Beispiel

vier + **-ten**		*vierten*
zwanzig + **-sten**		*zwanzigsten*

You then need to add the month of the year – see Exercise 11.

---

10 **Hör zu! Lied: Monate**

Listen carefully to the song. It will help you remember the months of the year!

Vokabeltipp **Die Monate**

Januar	*Mai*	*September*
Februar	*Juni*	*Oktober*
März	*Juli*	*November*
April	*August*	*Dezember*

Have you noticed that the German months are very similar to the English months? Four are exactly the same. Take care, though, because the pronunciation is not the same!

You can now say when your birthday is:

Ich habe am elften Dezember Geburtstag.
My birthday is 11th December.

Kulturtipp **Die Monate**

Note that not all German-speaking countries use the same words for the months of the year. For instance, the Austrians use a different word for January: **Jänner**. You may hear it if you holiday in Austria.

Vokabeltipp — Mein Geburtstag

	Deutsch	Englisch
	Wann ist dein Geburtstag?	When is your birthday?
	Wann ist Ihr Geburtstag?	When is your birthday?
	Wann hast du Geburtstag?	When is your birthday?
	Wann haben Sie Geburtstag?	When is your birthday?
	Wann bist du geboren?	When were you born?
	Wann sind Sie geboren?	When were you born?

Mein Geburtstag ist am … .   My birthday is on … .
Ich habe am … Geburtstag.   My birthday is on … .
Ich bin am … geboren.   I was born on … .

11   **Sag was! Wann hast du Geburtstag?**

Say when your birthday is.

Beispiel   Ich habe *am sechsundzwanzigsten April* Geburtstag.

12   **Quiz: Wann ist Ihr Geburtstag?**

Find on the Internet when these people have their birthday. How would they say when their birthday is?

Albert Einstein
genius and inventor

Michael Schumacher
racing driver

Claudia Schiffer
model

Steffi Graf
tennis player

Mein Geburtstag ist am … .

13   **Hör zu! Lied: Geburtstagslied**

This is how you sing "Happy Birthday" in German. The tune is the same as "Happy Birthday" in English.

Zum Geburtstag viel Glück!
Zum Geburtstag viel Glück!
Zum Geburtstag, lieber Heinz / liebe Pia
Zum Geburtstag viel Glück!

Vokabeltipp **Die Jahreszeiten**

Winter	winter
Frühling	spring
Sommer	summer
Herbst	autumn

If you want, you could also say what time of year you have your birthday:

Mein Geburtstag ist im August, im Sommer.

My birthday is in August, in the summer.

14 **Sag was! Heinz und Band auf Tour**

Answer the questions: the Anstoß-Band is on tour!

Beispiel **1** Wann ist Heinz' Band in Mainz?

Am neunundzwanzigsten Februar

2 Wann ist Heinz' Band in Salzburg?
3 Wann ist Heinz' Band in Berlin?
4 Wann ist Heinz' Band in Leipzig?
5 Wann ist Heinz' Band in Düsseldorf?
6 Wann ist Heinz' Band in Basel?
7 Wann ist Heinz' Band in Wien?

Anstoß-Band auf Tour durch Deutschland!

29. Februar bis 21. März

Info unter Tel. 0123 45 67 89

Mainz 29.02 • München 01.03 • Salzburg 02.03 • Wien 03.03 • Basel 05.03 • Frankfurt 07.03 • Köln 08.03 • Düsseldorf 10.03 • Hamburg 11.03 • Kiel 12.03 • Leipzig 15.03 • Berlin 17.03 • Dresden 21.03

www.

Deutsche Musik – Charts und Tourdaten
German Music – charts and tour dates

● Here you can look at the German charts, vote for your favourite title, listen to music samples and check out tour dates (bands in alphabetical order):
www.chartsteam.de

● Up-to-date German charts:
www.mtvhome.de

● Tour dates:
www.aktuell-tourdaten.de

● German easy listening charts and links to artists' fan pages:
www.deutsch-schlager-charts.de

15 **Hör zu! Die Top Ten in Deutschland**

Place the bands!

Datum: _____

Platz	Musiker(in)
10	Die Doofen
	Heinz und Freunde
	Joe Doll Band
	Deutsch-Englische Freundschaft
	Die toten Hosen
	Herbert und Hubert
	Tik-Tak-Toe
	Berlin Boys
	Die Mädchenband
	Marlene

16 **Hör zu! Lotto**

Die Lottozahlen. Wähle sechs Zahlen und eine Zusatzzahl.
The lottery numbers. Choose six numbers and a bonus number.

Was sind die Lottozahlen für Samstag, den 28.09?
What are the Lotto numbers for Saturday 28.09?
Did you win?

Die sechs Lottozahlen: Zusatzzahl:

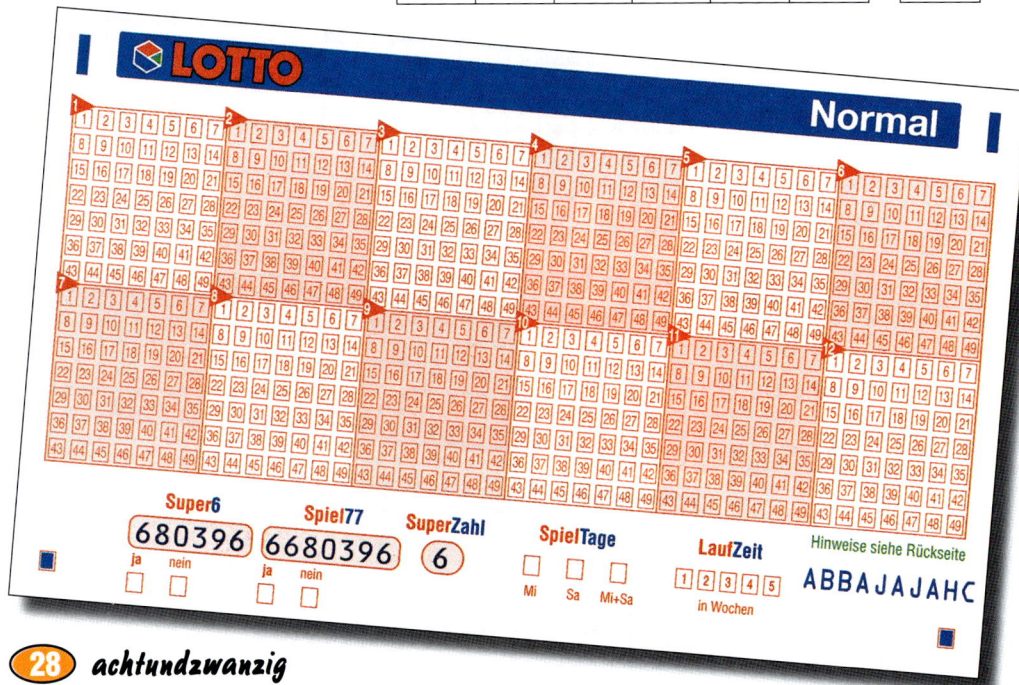

17   **Lies was! Eine E-Mail aus Deutschland**

Read the e-mail and fill in Katja's ID card.

E-Mail

Hallo!
Wie geht's?
Ich bin die Katja und ich komme aus Regensburg. Das ist im Süden von Deutschland.
Ich bin 12 Jahre alt. Mein Geburtstag ist am 26. Juni.
Meine E-mail-Adresse ist: K.Heller@abc.co.de
Schreib mir mal!

Bis bald,
Katja

Katja

Vorname: . . . .
Nachname: . . . .
Stadt: . . . .
Land: . . . .
Alter: . . . .
Geburtstag: . . . .
E-Mail-Adresse: . . . .

18   **Schreib was! Eine E-Mail an Katja!**

Write an email to Katja.

E-Mail

Hallo Katja!

Ich heiße …

Bis bald,
…

19   **Lied: Der Heinz- und Pia-Rap**

Fill in Heinz and Pia's details.

Pia

Vorname: . . . .
Nachname: . . . .
Stadt: . . . .
Alter: . . . .

Heinz

Vorname: . . . .
Nachname: . . . .
Stadt: . . . .
Alter: . . . .

Einheit B   Wo ist es?

Lernziele

In Unit 2B you will learn
- *about genders and articles*
- *the names for some classroom objects*
- *how to ask where something is*
- *how to say where something is*

---

1   **Lies den Cartoon und hör zu! Lauras Traum**

Read the cartoon and listen!

Guten Tag. Darf ich ein Interview machen? Wie heißt ihr?

Ich bin der Heinz Schuh. Das ist Pia Klein am Bass. Und das ist Yasemin Akbar am Schlagzeug.

Und wo kommt ihr her?

Ich komme aus Greifswald. Heinz kommt aus Mainz. Und Yasemin kommt aus der Türkei.

Toll! Wie alt seid ihr?

Pia ist 14, ich bin 16 und Yasemin ist 15 Jahre alt.

Oh je! Ich komme zu spät! Heute ist Schule.

David, hilf mir! Bring mir die Schultasche? Wo ist das Buch? Und das Heft?

Die Tasche ist hier.

Danke, David! … Wo ist Matthias' Telefonnummer???!!!

Ich weiß nicht.

Erste Hilfe

Darf ich …?	May I …?
ein Interview machen	to conduct an interview
Ich komme zu spät.	I'm late.
Wo ist …?	Where is…?
Bring mir …	Fetch me …
… ist hier / da.	… is here / there.

2   **Gruppenarbeit. Sieh dir Bild 6 im Cartoon auf Seite 30 an.**

Group work. Match the words to the pictures.
Look at picture 6 in the cartoon on page 30.

1 das Heft
2 das Lineal
3 das Buch
4 die Jacke
5 die Mappe
6 die Kassette
7 der Radiergummi
8 der Kuli
9 der Bleistift
10 der Buntstift
11 der Anspitzer

a   b   c   d   e   f   g   h   i   j   k

Lerntipp   Vokabeln lernen

Write all new words into a vocabulary book and practise them with a partner.

It is really important to learn each new noun together with **der / die / das**.

To make it easier to remember, you could use a different colour for each "gender":

● red for feminine (**die**) words
● blue for masculine (**der**) words
● green for neuter (**das**) words.

Try to learn new words regularly!

Wörterbuch

Der – Die – Das

Dictionaries can not only help you to find the translation of a word, they can also help you to find out what "gender" a noun is – is it **der**, **die** or **das**?

This is what you should do:

● Look up the word on the German side of the dictionary.
● After the word are a number of letters and symbols.
● The first, in square brackets, tells you how to pronounce the word.
● The next tells you the gender:

→ **m** means masculine. It is a **der** word.
→ **f** means feminine. It is a **die** word.
→ **n** or **nt** means neuter. It is a **das** word.

Here is an entry in a dictionary. What gender is **Tisch**?

Tisch /tɪʃ/ (m.) *der;* ~[e]s, ~e
A table; (*Schreib*~) desk;

3 | **Finde den Artikel im Wörterbuch und suche im Bild.** | ☺☺☺

Find the gender in your dictionary and look for the object in the picture.

Buch
Heft
Bleistift
Buntstift
Kuli
Radiergummi
Anspitzer
Mappe
Tasche
Lineal
Jacke
Kreide
Tafel
Stuhl
Tür
Fenster
Poster
Kassette

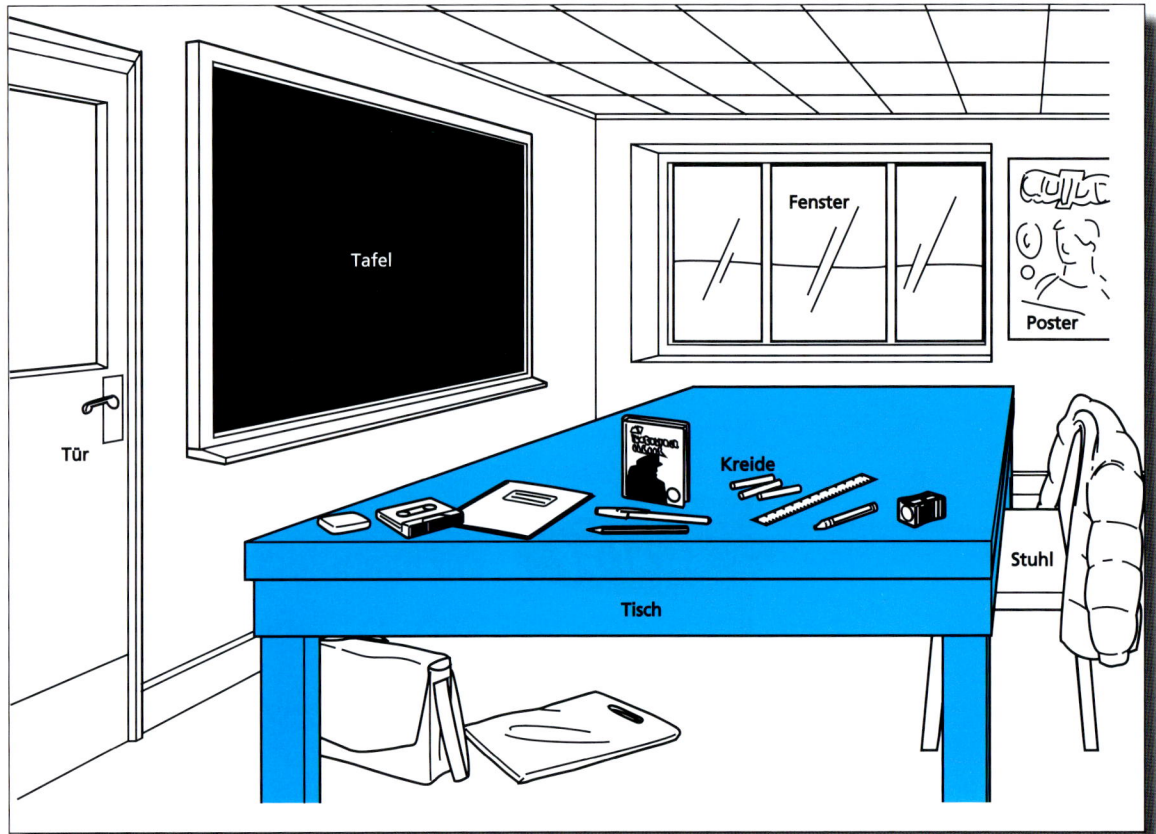

Tafel

Fenster

Poster

Tür

Kreide

Stuhl

Tisch

S p r a c h t i p p

Der, **die** and **das** are the words for "the" in German. Look back through the chapter and see whether you can put the nouns into columns like this:

der	die	das
der Vater	*die Mutter*	*das Foto*
der Bleistift	*die Jacke*	*das Buch*

Have you noticed how you say "a" or "an" in German? Look back through the chapter for the words **ein** and **eine**:

ein	eine	ein
ein Vater	*eine Mutter*	*ein Foto*
ein Bleistift	*eine Jacke*	*ein Buch*

There are other words which work like **ein** and **eine**. Look back at the cartoon in Unit 2A and see if you can find how Matthias says "That's my mobile." What is the word he uses for "my"? It looks very like **ein**!

There is another word like **ein / eine**: **kein / keine** – it means "not a"

Beispiel Das ist kein Tisch = *That is not a table*

4 **Sag was! Ist das ein . . . ?**

Is that a ... ?

Beispiel

Ist das ein Buch? – *Ja, das ist ein Buch.*

Ist das ein Tisch? – *Nein, das ist kein Tisch. Das ist ein Kuli.*

1 Ist das ein Tisch?

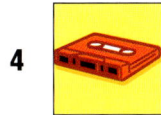

2 Ist das ein Heft?

3 Ist das ein Kuli?

4 Ist das ein Lineal?

5 Ist das ein Tisch?

6 Ist das eine Tür?

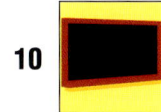

7 Ist das eine Mappe?

8 Ist das eine Tür?

9 Ist das ein Bleistift?

10 Ist das eine Kreide?

5 **Was sucht der Lehrer? Hör zu und kreuze an!**

What is the teacher looking for? Listen and tick!

1 A   B   C   D

2 A   B   C   D

3 A   B   C   D

4 A   B   C   D

5 A   B   C   D

Aussprache

Note that you have to pronounce every letter in a German word, even the **e** at the end!

● die Mappe
● die Tasche
● die Jacke
● die Kassette

Listen to your teacher and repeat.

6 **Partnerarbeit: Sag was!**

Mach ein Interview.

Conduct an interview! Conduct an interview with your partner, using the Aussagesätze *on page 36.*

Leseseiten

⋯⋯⋯⋯ Veranstaltungskalender

ROCKTHEATER TOR DREI

Hallen-Programm

DIE ZAHNÄRZTE	WOHIN
8. Januar	17. Juli
DEKADENZ	GABRIELE OSTERTAGE
4. April	21 August

Tor Drei   Bahnhofstraße 98   48159 Münster

Tel: 0251 - 30 23 60

JAZZSET

Programme auf einen Blick

Bap
27. Februar

Joachim Rasch
5. Mai

Ulrich Kuhn
16. September

Jazzset
18. Oktober

Schauspielhaus
Baumweg 100
44894 Bochum

Tel: 0234/76 74 50

BEATCLUB PARTY

Disko bis 5.00 Uhr

Technoparty	14. März
Große Party	30. Juni
Salsa Disko	5. November
Disko Total	21. Dezember

Beatclub Party
Diskothek-Kneipe-Livemusik
J.F. Kennedy Allee
44137 Dortmund
INFO-TELEFON: (0231) 16 35 11

Wie ist die Telefonnummer von / vom . . .
What's the telephone number of the . . .
1   Wie ist die Telefonnummer vom Rocktheater?
2   Wie ist die Telefonnummer von der Diskothek?
3   Wie ist die Telefonnummer vom Schauspielhaus?

Wann ist . . . in . . . ?
When is . . . in . . . ?
1   Wann ist Joachim Rasch in Bochum?
2   Wann ist Ulrich Kuhn in Bochum?
3   Wann ist Gabriele Ostertage in Münster?
4   Wann ist Dekadenz in Münster?

Richtig oder falsch?
True or false?
1   Am achten Januar sind die Zahnärzte in Münster.
2   Disko Total ist am vierundzwanzigsten Dezember in Dortmund.
3   Salsa Disko ist am fünften November in Dortmund.
4   Bap ist am dreiundzwanzigsten September in Bochum.
5   Wohin ist am siebzehnten Juli in Bochum.

Was passt zusammen?
What goes together?

Bochum	4. April	Technoparty
27. Februar	Dortmund	Bap
Münster	Dekadenz	14. März

Aussagesätze

These are the key phrases you have learned in this chapter:

Ich bin dreizehn Jahre alt.	*I am thirteen years old.*
Ich habe am dreizehnten April Geburtstag.	*My birthday is on the thirteenth of April.*
Mein Geburtstag ist am ersten Januar.	*My birthday is on the first of January.*
Ich bin am zwanzigsten Juli geboren.	*I was born on the twentieth of July.*

Wie alt bist du?	*How old are you?*
Wann hast du Geburtstag?	*When is your birthday?*
Wann ist dein Geburtstag?	*When is your birthday?*
Wann bist du geboren?	*When were you born?*

Wie alt sind Sie?	*How old are you?*
Wann haben Sie Geburtstag?	*When is your birthday?*
Wann ist Ihr Geburtstag?	*When is your birthday?*
Wann sind Sie geboren?	*When were you born?*

Wie alt seid ihr?	*How old are you?*

Wie alt ist er / sie?	*How old is he / she?*
Wann hat er / sie Geburtstag?	*When is his / her birthday?*
Wann ist er / sie geboren?	*When was he / she born?*

Er / sie ist vierzehn Jahre alt.	*He / she is fourteen years old.*
Er / sie hat am zweiten Mai Geburtstag.	*His / her birthday is on the second of May.*
Er / sie ist am zweiten Mai geboren.	*He / she was born on the second of May.*

Wie ist deine Telefonnummer?	*What is your telephone number?*
Wie ist Ihre Telefonnummer?	*What is your telephone number?*
Wie ist die Telefonnummer für ... ?	*What is the telephone number for ... ?*
Wie ist die Telefonnummer von ... ?	*What is the telephone number of ... ?*

Meine Telefonnummer ist	*My telephone number is ... .*
Die Telefonnummer ist	*The telephone number is ... .*

Ist das ein Buch?	*Is that a book?*
Ist das eine Mappe?	*Is that a school bag?*

Ja, das ist ein Buch.	*Yes, that is a book.*
Nein, das ist kein Buch.	*No, that is not a book.*
Nein, das ist keine Mappe.	*No, that is not a school bag.*

Familienname:	Peters
Vorname(n):	Anne
Wohnort:	Mannheim
Nationalität:	deutsch
Geboren am:	13.07.1970
Datum:	20.02.2001
Unterschrift:	*Anne Peters*

Trage das Formular in dein Heft ein. Fülle es aus.
Copy this form into your exercise book. Fill it in.

Name:	. . . .
Vorname:	. . . .
Adresse:	. . . .
Tel:	. . . .
Nationalität:	. . . .
Geboren am:	. . . .
Deutschlehrer(in):	. . . . . .

Grammatik

1 der, die, das, ein, eine, ein and kein

In this chapter we learned the following new words:

the: **der**, **die**, **das**

a, an: **ein**, **eine**, **ein**

Article	Masculine	Feminine	Neuter
the	der Bleistift	die Jacke	das Buch
a, **an**	ein Bleistift	eine Jacke	ein Buch

There is also another special word we have met: **kein / keine / kein** It is usually used instead of **nicht ein** and behaves in just the same way as **ein / eine / ein**.

> **Beispiel**   Das ist nicht ein Buch. → *Das ist kein Buch*

Article	Masculine	Feminine	Neuter
not a	kein Bleistift	keine Jacke	kein Buch

Note that the form of **der / die / das**, **ein / eine / ein** and **kein / keine / kein** changes depending on whether the word is masculine, feminine or neuter.

2 haben and sein

We have met two very important irregular verbs:

haben *(to have)*

> **Beispiel**   Ich habe am 5. Februar Geburtstag.
> *Er hat am 20. Juli Geburtstag.*

haben	to have
ich habe	I have
du hast	you have
er, sie hat	he, she has
Sie haben	you have

sein *(to be)*

> **Beispiel**   Ich bin 13 Jahre alt.   *Wie alt bist du?*

Now we have met a new form: *Wie alt seid ihr?*

sein	to be
ich bin	I am
du bist	you are
er, sie ist	he, she is
ihr seid	you are
Sie sind	you are

Einheit A — Wie siehst du aus?

Lernziele

In Unit 3A you will learn how to
- describe people
- ask what someone looks like
- describe people's characters
- ask what sort of character someone has

1 Lies den Cartoon und hör zu! Der Telefonanruf

> Matthias ist wirklich süß! Und so nett!
>
> Matthias hat eine Freundin!
>
> Wie heißt sie?
>
> Ich weiß nicht. Aber sie ist doof!
>
> Wie sieht sie aus?
>
> Sie hat lange, blonde, lockige Haare. Sie ist sehr hübsch.
>
> Und du hast braune, glatte Haare. Das ist auch sehr schön!
>
> Danke! Du bist meine beste Freundin, Yasemin.
>
> Vielleicht ist sie Matthias' Schwester. Komm, ruf an!
>
> Ich weiß nicht … Ich habe Angst …
>
> Ja, Anna Meyer, guten Tag.

Erste Hilfe

süß	cute
meine beste Freundin	my best friend
vielleicht	maybe
Ich habe Angst	I'm afraid

2 Partnerarbeit. Leute beschreiben

Sieh den Cartoon an. Wie heißt das auf Deutsch?
Look at the cartoon. How do you say this in German?

- What does she look like?
- What does he look like?

Vokabeltipp — Haare und Augen beschreiben

Describing somebody's hair and eye colour

Ich habe	blonde / braune	blond / brown	Haare	Ich habe	blaue	blue	Augen
I have		hair		Du hast	grüne	green	eyes
Du hast	rote	red / ginger		Er hat	braune	brown	
You have	graue / schwarze	grey / black		Sie hat	schwarze	black	
Er hat	kurze / lange /	short / long /					
He has	mittellange	average length					
Sie hat	gerade /	straight /					
She has	lockige / krause	curly / frizzy					

3   **Sag und schreib was! Mein Lieblingsstar**

Wer ist dein Lieblingsstar? Wie sieht er / sie aus?
Who is your favourite pop star? What does he / she look like?

Beispiel   *Das ist … . Er / Sie hat … Haare und … Augen.*

4   **Hör zu! Kriminelle gesucht**

Zeugen beschreiben drei Kriminelle. Mach einen Steckbrief!
Witnesses are describing three criminals. Draw a "WANTED" poster for each criminal on the basis of what you hear.

GESUCHT
MAX MESSER

Vokabeltipp — Wie sieht er / sie aus?

Sie ist	groß	tall
She is	klein	small, short
	mittelgroß	average height
Er ist	alt	old
He is	jung	young
	hübsch	pretty
	schön	beautiful / handsome

Lerntipp — Neue Wörter lernen

If you want to remember new words, it helps to say them over and over again. Try describing yourself in German every time you look in a mirror!

5　**Sag was! Zeugen**

Du bist ein Zeuge. Beschreibe einen der Kriminellen. Dein Partner muss raten.
You are a witness. Describe one of the criminals. Your partner has to guess who it is.

Er / Sie hat … Augen.
Er / Sie hat … Haare.
Er / Sie hat …

Wörterbuch

Adjektive

Words like **blau**, **klein**, **alt**, **schön** are describing words and are called **adjectives**. In dictionaries they are marked by **a.** or **adj.** after the keyword.
Look up the following words in your dictionary. Find out what they mean and which of them are adjectives. What are the others?

Bart / **blond** / **wohnen** / **jung** / **Brille** / **heißen** / **lang**

Was heißt das auf Englisch?

Er / Sie hat …
eine Glatze / einen Bart /
einen Schnurrbart / eine Brille.

6　**Sag was! Wie siehst du aus?**

What do you look like?
Ich bin sehr schön. Ich habe …

Sprachtipp

Ja / Nein

You can ask yes / no questions like this:

Ist er / sie *groß*?	Ja / Nein.
Hat er / sie *blonde* Haare?	Ja / Nein.
Ist das Peter?	Ja / Nein.
Hat er / sie *blaue* Augen?	Ja / Nein.

7　**Schreib was! Wer ist das?**

Male ein Porträt und schreib einen Steckbrief.
Draw a picture of somebody in your class and write a description. See if your group can guess who it is.

8   **Schreib was! Sieh die Bilder an**

Beantworte die Fragen:

Look at the pictures. Answer the questions:

Beispiel   **1** Ist der Mann jung?   *Nein. Er ist alt.*

1   Ist der Mann jung?
2   Ist er dick?
3   Hat er graue Haare?
4   Hat er eine Brille?
5   Hat er einen Bart?

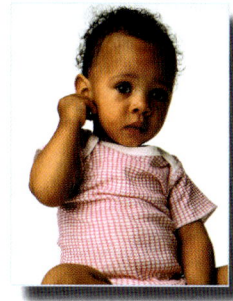

1   Ist das Mädchen klein?
2   Ist sie alt?
3   Hat sie schwarze, krause Haare?
4   Hat sie eine Brille?
5   Hat sie braune Augen?

Vokabeltipp   **Charakter**

This is how you describe character:

Wie ist Heinz?		What is Heinz like?	
Heinz ist	*lustig*	Heinz is	funny
	sportlich		sporty
	cool		cool
	fleißig		hard-working
	nett		nice
	doof / blöd		stupid
	faul		lazy
	langweilig		boring

9   **Spiel: Zwanzig Fragen**

Game: Twenty questions. Describe someone in German, but do not give their name. Your partner has to guess who you are describing. He / she can only ask yes / no questions.

10   **Hör zu! Danas Freunde**

Wer ist nett? Hör zu und kreuze an: **a**, **b** oder **c**?

*Who is nice? Listen and tick: **a**, **b** or **c**?*

Then can you say what Dana herself is like?

1   Susanne ist ...
   a nett ☐
   b langweilig ☐
   c fleißig ☐

2   Jan ist ...
   a lustig ☐
   b blöd ☐
   c sportlich ☐

3   Nicole ist ...
   a faul ☐
   b fleißig ☐
   c sportlich ☐

4   Gregor ist ...
   a doof ☐
   b nett ☐
   c cool ☐

5   Dana ist ...
   a cool ☐
   b nett ☐
   c fleißig ☐

Haare und Aussehen

Look at some trendy hairstyles:
● w w w . a c k e r s c h o t t . d e
Tips and trends on fashion and styling:
● w w w . f u n o n l i n e . d e

11 Schreib was! Wie ist er? Wie ist sie?

What is he like? What is she like?

Beispiel   **1**   *Er ist langweilig.*

2

3

4

5

12 Ganz oder gar nicht?

Fill the gaps using the words from Sprachtipp.

Beispiel   **1** Heinz ist *sehr* sportlich und *nicht* fleißig.

1   Heinz ist ☝ ___ sportlich und ___ fleißig.

2   Yasemin ist ☝ ___ fleißig und ☝ ___ hübsch.

3   Pia ist ___ langweilig und ☝ ___ cool.

4   Frau Schuh ist ☝ ___ lustig und ___ sportlich.

5   Herr Huber ist ___ nett und ☝ ___ doof.

13 Hör zu! Meine Traumfrau

Martin spricht mit Tina. Er beschreibt seine Traumfrau. Hör zu und beantworte die Fragen. Richtig oder falsch?
Martin is talking to Tina. He is describing his dream woman. Listen and answer the questions. True or false?

		R	F
1	Martins Traumfrau ist groß.	☐	☐
2	Martins Traumfrau ist hübsch.	☐	☐
3	Sie hat eine Brille.	☐	☐
4	Sie hat blaue Augen.	☐	☐
5	Sie hat gerade, lange, blonde Haare.	☐	☐
6	Sie ist nett.	☐	☐
7	Sie ist sportlich.	☐	☐
8	Tina ist Martins Traumfrau.	☐	☐

Einheit B — Haustiere

Lernziele

In Unit 3B you will learn how to say
- whether you have any pets
- what your pets look like

1 Lies den Cartoon und hör zu! Der Spaziergang im Park

Ach Bello! Matthias ist so nett!

Bello!

Laura!

Matthias!

Hast du Haustiere?

Ja, ich habe einen Hund. Er ist ein Bernhardiner und heißt Bärli.

Laura! Das ist mein Bruder Florian und das ist seine Freundin Anna.

Anna, das ist Laura!

H..h..hallo.

Aha! Laura aus Schottland, richtig? Ich bin Matthias' Tante.

Erste Hilfe

mein Bruder	my brother
(m)eine Freundin	(my) a friend (f.)
der Bernhardiner	St Bernard dog
Tante	aunt

2 Haustiere beschreiben

Sieh den Cartoon an. Wie heißt das auf Deutsch?
Look at the cartoon. How do you say this in German?
- Have you any pets?
- I have a dog.

Vokabeltipp   Haustiere

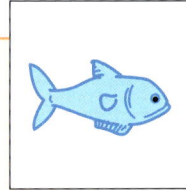

What are these animals in English?

You now know how to answer two questions:

Hast du Haustiere?   Do you have pets?

Ich habe   einen Hund.
            eine Katze.
            ein Pferd.
Ich habe   keine Haustiere.

Was für Tiere hast du?

What sort of pets have you got?

Ich habe   einen Vogel.
            einen Hamster.
            einen Fisch.
            eine Ratte.
            eine Schildkröte.
            ein Kaninchen.

Sprachtipp

Akkusativ (1)

Have you noticed how sometimes the word **ein** changes to **einen**? Why do you think this happens? Have you noticed that it is only in front of a masculine word that **ein** changes to **einen**? This change only takes place when the masculine word is the <u>direct object</u> of the verb.

Das ist ein Hund. (*masculine*)	Ich habe auch **einen** Hund.
Das ist meine Schwester. (*feminine*)	Ich habe eine Schwester.
Das ist ein Kaninchen. (*neuter*)	Ich habe ein Kaninchen.
Das sind ihre Brüder. (*pl.*)	Ich habe keine Brüder.

3 Hör zu! Tiere

A Was für ein Tier hat … ? Füll die Lücken aus.
   What kind of pets has … got? Fill the gaps.

> einen Fisch   ein Pferd   einen Hund   eine Katze
> einen Vogel   eine Ratte   keine Haustiere

Beispiel 1 Miriam hat *einen Fisch.*

2 Bettina hat _____ .

3 Jan hat _____ .

4 Max hat _____ .

5 Irene hat _____ .

6 Anne hat _____ .

7 Benjamin hat _____ .

B Frag die Leute in deiner Klasse. Mach eine Liste.
   Ask the people in your class. Make a list.
Wer hat …   keine Tiere? / zwei Tiere? / einen Hund? / eine Katze? …

Sprachtipp

Plural

Look at the following sentences:

Ich habe einen Hund, aber mein Bruder hat zwei **Hunde**.

Meine Schwester hat eine Katze, aber mein Freund hat zwei **Katzen**.

Mein Lehrer hat ein Kaninchen, aber ich habe zwölf **Kaninchen**.

The words in bold type are used when we are referring to more than one pet. This is the **plural**.

There are several ways of forming the plural in German:

ein Hund   zwei Hund**e**   eine Katze   zwei Katze**n**   ein Kaninchen   zwei Kaninchen

If you look up a German word in the dictionary, you will find the plural in brackets after the word. For some words there are two endings in brackets – the last one is the plural. Try to learn the plural when you learn the word!

> **Pass auf!**
>
> The words for animals – **der Hund**, **die Katze**, **das Kaninchen** etc.– can be used for male or female animals.

---

4 | **Schreib was! Wie heißt der Plural?**

What's the plural?

Beispiel | **1** ein Hund   zwei *Hunde*   **3** ein Pferd   zwei _____   **5** ein Fisch   zwei _____

                 2 ein Haustier zwei _____   **4** ein Vogel   zwei _____   **6** eine Ratte zwei _____

Vokabeltipp   Beschreib deine Haustiere

Wie heißt	der Hund?	Er heißt Bello.
	die Ratte?	Sie heißt Rudi.
	das Kaninchen?	Es heißt Muckel.
Wie sieht	der Vogel aus?	Er ist *gelb* / *grün*
	die Katze	Sie ist *weiß* / *braun*

Wie ist	das Pferd?	Es ist	lieb. ❤
			lustig. ☺
Der Hund hat	braunes /	Fell.
	schwarzes /	
	weißes	

Tayfun   Frau Seiffert
Julia   Sascha

Kalif   Monster
Ali   Findus
Karlo Mitzi Baba

5 | **Hör zu! Meine Haustiere**

Listen! My pets. You will hear three interviews with people describing their pets. Match the pets to their owners and to their names. Some people have more than one pet. Be careful, there are more pets than you need!

6 Lies was! Vermisst!

Ein Tier wird vermisst. Kannst du das Foto finden?

Read about a missing animal.
Can you find the photo?

VERMISST

Der Hund Teddy ist weg!
Er hat langes, hellbraunes Fell.
Er ist sehr groß und ganz jung.
Er ist 2 Jahre alt. Er ist sehr lieb.
Wo ist Teddy? Rufen Sie an:
Mario Sabatini – 0673 – 45 33 90

7 Schreib was! Mach ein Poster.

Pick one of the other photos and make a "MISSING" poster.

VERMISST

… ist weg!
Er / Sie / Es hat … Fell.
Er / Sie / Es ist … .
Wo ist … ? Rufen Sie an:
Name, Telefonnummer

8 Sag was! Tiere

Such dir ein Foto aus und beschreibe es deinem Partner. Welches Tier ist es? Tausche die Rollen.

Pick a photo from the ones above and describe it to your partner.
Which animal are you describing? Change roles.

9 Sag was! Du bist dran.

Hast du ein Haustier? Bring ein Foto oder male ein Bild. Beschreibe dein Tier.

Have you got a pet? Bring a photo or do a drawing of it. Describe your pet. (If you haven't got a pet of your own, draw and describe the pet you would like to have.)

10 Spiel: Wortschlange

Finde die Tiere. Was bleibt übrig?
Find the animals the snake has eaten. What remains?

meinhakatzeuhundstvogelierfischispferdtratteliehamsterb

www.

Haustiere

Look at descriptions of lost and found pets (entlaufen / zugelaufen):
● www.tiersuche.de
Pet chat (Haustierpost), ads, pictures and links:
● www.kindernetz.de
Look at the famous white horses of Vienna. Click on "Impressionen":
● www.spanische-reitschule.com

Einheit C   Meine Familie

Lernziele

In Unit 3C you will learn how to
- *talk about your relatives*
- *talk about your family tree*
- *say the numbers 30–100*

---

1   **Lies den Cartoon und hör zu! Tante Anna**

Ist Anna wirklich deine Tante?

Ja. Meine Mutter ist 35. Sie hat drei Schwestern und einen Bruder. Tante Guste ist 31, Tante Klara ist 29, Onkel Peter ist 26 und Tante Anna ist 20.

Anna wohnt in Mainz. Ich bin hier zu Besuch.

Ach so!

Hast du auch Geschwister?

Ja, ich habe eine Schwester. Sie heißt Lena und ist 13 Jahre alt. Sie ist ganz schön blöd!

Mein Bruder David ist auch manchmal doof.

Erste Hilfe

wirklich	really
zu Besuch	visiting
ganz schön blöd	pretty silly
manchmal	sometimes
v. = verheiratet	married

2   **Lies was! Matthias' Stammbaum**

Matthias' family tree.

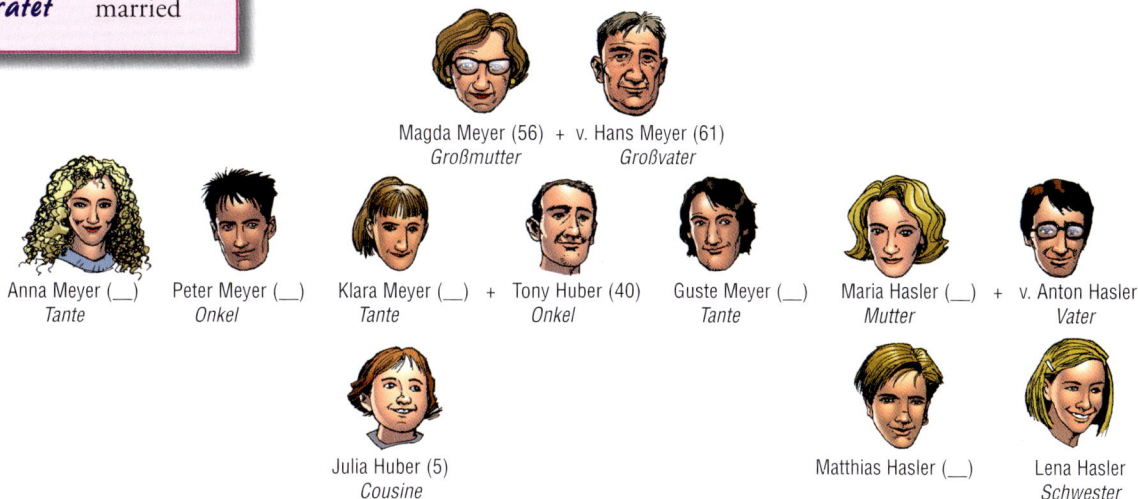

Magda Meyer (56) + v. Hans Meyer (61)
Großmutter   *Großvater*

Anna Meyer (__)   Peter Meyer (__)   Klara Meyer (__) + Tony Huber (40)   Guste Meyer (__)   Maria Hasler (__) + v. Anton Hasler
Tante   *Onkel*   *Tante*   *Onkel*   *Tante*   *Mutter*   *Vater*

Julia Huber (5)
Cousine

Matthias Hasler (__)   Lena Hasler
                      Schwester

3 **Schreib was! Matthias' Familie**

Sieh Bild 1 im Cartoon an. Wie alt sind Frau Hasler und ihre Geschwister? Ergänze den Stammbaum.

Look at picture 1 in the cartoon. How old are Mrs Hasler and her brothers and sisters? Complete the family tree.

Sprachtipp

Akkusativ (2)

Ergänze **den** Stammbaum.
Look back at the last exercise. Did you notice how the word **der** became **den** in front of the masculine word **Stammbaum**? This only happens when the masculine word is the <u>direct object</u> of the verb:

Das ist der Hund.	Ich sehe **den** Hund. (*masculine*)
Das ist die Katze.	Ich sehe die Katze. (*feminine*)
Das ist das Pferd.	Ich sehe das Pferd. (*neuter*)
Das sind die Katzen.	Ich sehe die Katzen. (*plural*)

4 **Schreib was! Was sehen sie? Füll die Lücken aus.**

What do you see? Fill in the gaps.

1 Du siehst _____ .   (der Cartoon)
2 Er sieht _____ .   (der Stammbaum)
3 Sie sieht _____ .   (das Kaninchen)

4 Wir sehen _____ .   (der Vogel)
5 Sie sehen _____ .   (die Hunde)
6 Ich sehe _____ .   (die Katze)

Vokabeltipp **30 –100**

In English we say "twenty-four", "twenty-five" etc. but it was not always like that! Remember the old English nursery rhyme: "<u>Four and twenty</u> blackbirds baked in a pie"?

In Chapter 2 we learned that in German we turn the numbers round like this: **vierundzwanzig**
Now look at the numbers 30 to 100:

30	*dreißig*	35	*fünfunddreißig*	70	*siebzig*
31	*einunddreißig*	36	*sechsunddreißig*	80	*achtzig*
32	*zweiunddreißig*	40	*vierzig*	90	*neunzig*
33	*dreiunddreißig*	50	*fünfzig*	100	*hundert*
34	*vierunddreißig*	60	*sechzig*		

5 **Sag was! Wie alt sind sie?**

Say something. How old are they?

Beispiel   **1** Frau Hasler ist *fünfunddreißig Jahre* alt.

1 Frau Hasler ist _____ alt.
2 Tante Anna ist _____ .
3 Onkel Peter ist _____ .

4 Tante Guste _____ .
5 Lena _____ .

6   **Schreib was! Ergänze die Sätze.**   🖉

Complete the sentences.

Beispiel   **1** Matthias' Schwester heißt *Lena*.

1 Matthias' Schwester heißt _____ .

2 Matthias' Tanten heißen Guste, ____ und ____ .

3 Matthias' Onkel heißt ____ .

4 Matthias' Vater heißt ____ .

5 Gustes Bruder heißt ____ .

6 Marias Mutter heißt ____ .

7 Matthias' Großmutter heißt ____ .

8 Lenas Großvater heißt ____ .

7   **Schreib was! Beschreib Matthias' Familie.**   🖉

Describe Matthias' family.

Beispiel   **1** Lena ist *die Schwester* von Matthias.

1 Lena ist _____ von Matthias.

2 Anton Hasler ist _____ von Matthias.

3 Maria Hasler ist _____ .

4 Magda Meyer ist _____ .

5 Tony Huber _____ .

Vokabeltipp   **Meine Familie**

This is how you can talk about your family:

Geschwister:	*Schwester / 2 Schwestern*	*Bruder / 2 Brüder*
Eltern:	*Mutter (Stiefmutter)*	*Vater (Stiefvater)*
	Frau	*Mann*
	Lebenspartnerin	*Lebenspartner*
Großeltern:	*Großmutter*	*Großvater*
Verwandte:	*Tante / 2 Tanten*	*Onkel / 2 Onkel*
	Cousine / 2 Cousinen	*Cousin / 2 Cousins*
Freunde:	*Freundin / 2 Freundinnen*	*Freund / 2 Freunde*

Beschreib Matthias' Familie:

Das ist der Onkel von Matthias.

Das ist die Tante von Matthias.

Kulturtipp   **Kosenamen**

Most people have pet names for people close to them. What do you call your parents and grandparents? Here is what German children say:

Mutter	*Mutti, Mama, Mami*
Vater	*Vati, Papa, Papi*
Großmutter	*Oma, Omi, Großmama*
Großvater	*Opa, Opi, Großpapa*

8   **Sag was! Beschreib deine Familie.**

Work with a partner: describe your family.

1   **Hast du Geschwister?**
Ja, ich habe … .
Nein, ich bin ein Einzelkind.

2   **Wie viele Geschwister hast du?**
Ich habe   einen Bruder / zwei Brüder.
         eine Schwester / zwei Schwestern.

3   **Beschreibe deine Familie. Wer ist das?**
Das ist   mein Vater / Bruder / Onkel.
        meine Mutter / Schwester / Tante.

S p r a c h t i p p

Possessive adjectives

This is how you say "my", "your", "his", "her", "our", "their" in German:

Ich habe eine Tante – das ist **meine** Tante. (my aunt)
Du hast einen Hund – das ist **dein** Hund. (your dog)
Er hat einen Fisch – das ist **sein** Fisch. (his fish)
Sie hat ein Kaninchen – das ist **ihr** Kaninchen.
(her rabbit)
Wir haben eine Freundin – das ist **unsere** Freundin.
(our friend)
Ihr habt einen Vogel – das ist **euer** Vogel. (your bird)
Sie haben einen Onkel – das ist **Ihr** Onkel.
(your uncle)
Sie haben eine Ratte – das ist **ihre** Ratte. (their rat)

mein, **dein**, **sein**, **ihr**, **Ihr**, **unser**, **euer** and **ihr** are possessive adjectives.

mein / dein / sein / ihr / Ihr / unser / euer / ihr
use the same endings as **ein** (masculine)

meine / deine / seine / ihre / Ihre / eure / unsere / ihre
use the same endings as **eine** (feminine)

mein / dein / sein / ihr / Ihr / unser / euer / ihr
use the same endings as **ein** (neuter)

meine / deine / seine / ihre / Ihre / eure / unsere / ihre
refer to more than one thing or person (plural)

In the accusative, the masculine forms of
mein / dein / sein / ihr / Ihr / unser / euer / ihr
change like **ein** to: **meinen / deinen / seinen / ihren / Ihren / unseren / eueren / ihren**

9   **Schreib was! Mache Sätze.**

Write as many sentences as you can!

| **Beispiel** | *Ich sehe deine Tante.* |

Ich sehe	deine Ratte
Er sieht	ihr Kaninchen
Das ist	unseren Fisch
Sie haben	**deine Tante**
Sie sieht	unsere Freundin
Ich habe	deine Katze

Vokabeltipp **Beziehungen**

Look at Matthias' family tree again. This is how you describe relationships:

Herr und Frau Hasler sind verheiratet.

Anna ist ledig.

Tante Guste ist geschieden.

Tante Klara und Onkel Tony leben zusammen. Sie sind Lebenspartner.

Lerntipp **ist oder sind?**

Remember:

● One person: **ist**
  Paul ist verheiratet. Emma ist verheiratet.

● More then one person: **sind**
  Herr und Frau Schuh sind verheiratet.

10 **Schreib was! ist oder sind?**

*Fill in the gaps with **ist** or **sind**.*

1 Karl und Lena _____ geschieden.

2 Romina _____ ledig.

3 Mein Bruder _____ verheiratet.

4 Herr und Frau Kraus _____ geschieden.

5 Meine Tante _____ verheiratet.

11 **Schreib was! Mann und Frau. Was passt zusammen?**

Match the pairs!

Beispiel Mutter und Vater

1 **Mutter**   **a** Freund

2 Schwester   **b** Cousin

3 Oma   **c** Papa

4 Tante   **d** **Vater**

5 Lebenspartnerin   **e** Bruder

6 Freundin   **f** Lebenspartner

7 Mama   **g** Opa

8 Cousine   **h** Onkel

12 **Hör zu! Welche Familie ist es? Trag die richtige Zahl in dein Heft ein.**

Which family is it? Listen to the description of each family and decide whether the family is A, B, C, D or E.

A   **B**   **C**   **D**   **E**

13 **Hör zu! Pias Familie**

Bruder   Geschwister
Vater   geschieden
Lebenspartnerin   Tante
Schwester   Baby
verheiratet   Mädchen
Stiefvater   Mutter

Pia beschreibt ihre Familie. Füll die Lücken aus.
Pia is describing her family. Fill the gaps.

Ich heiße Pia Klein. Mein ____(1)____ ist Erwin Klein. Meine ____(2)____ heißt Elisabeth. Meine Eltern sind ____(3)____ . Ich habe einen großen ____(4)____ . Er heißt Markus Klein. Papa Erwin ist der Vater von Markus. Meine Mutter ist jetzt mit Sascha Kowalski ____(5)____ . Sascha ist mein ____(6)____ . Er ist total nett. Ich habe zwei kleine ____(7)____ , einen Halbbruder und eine Halbschwester. Bettina ist neun und Andi ist sechs. Sascha ist der Vater von Bettina und Andi. Meine kleine ____(8)____ Bettina ist manchmal doof! Markus hat eine ____(9)____ . Sie heißt Renate. Markus und Renate sind nicht verheiratet. Sie haben ein ____(10)____ , ein kleines ____(11)____ . Sie heißt Sophia und ist ein Jahr alt. Sie ist total süß! Ich bin die ____(12)____ von Sophia!

14 **Schreib was! Ergänze Pias Stammbaum.**

Sascha   Bettina
Elisabeth   Sophia
Renate   Andi

Complete Pia's family tree.

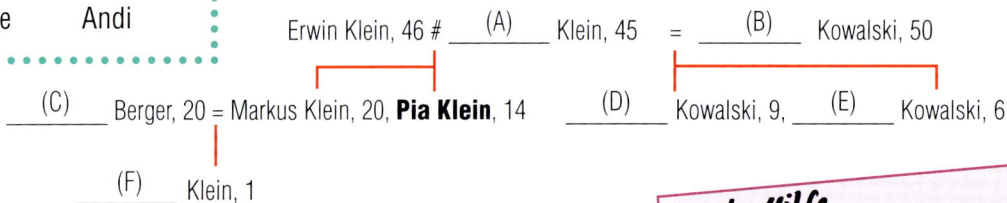

Erwin Klein, 46 # ____(A)____ Klein, 45   =   ____(B)____ Kowalski, 50

____(C)____ Berger, 20 = Markus Klein, 20, **Pia Klein**, 14   ____(D)____ Kowalski, 9,   ____(E)____ Kowalski, 6

____(F)____ Klein, 1

Erste Hilfe
= verheiratet / zusammen   married / together
geschieden   divorced

15 **Schreib und sag was! Meine Familie.**

- Male einen Stammbaum für deine Familie.
- Bring Fotos von deiner Familie.
- Beschreibe deine Familie.
- Frag deinen Partner / deine Partnerin über seine / ihre Familie.

- *Draw your own family tree.*
- *Bring in photos of your family.*
- *Describe your family to your partner.*
- *Ask your partner about his / her family.*

Partner A
Fragen:
Wer ist das?
Hast du Geschwister?
Wie heißt dein/e … ?
Wie alt ist dein/e … ?
Wie ist dein/e … ?

Partner B
Antworten:
Das ist … .
Ich habe … .
Er / Sie heißt … .
Er / Sie ist … Jahre alt.
Er / Sie ist … .

Einheit D　**Brieffreunde**

Lernziele

In Unit 3D you will learn how to write
- *an e-mail to a penfriend*
- *a letter in German*

1　**Lies den Cartoon und hör zu! Brieffreundin gesucht**

Chatroom
Brieffreundschaften

Hallo Mädchen! Ich suche eine Brieffreundin. Schreibt mir!

Chatroom
Brieffreundschaften

Hallo, ich bin Trish aus England. Wie siehst du aus, Heinz?

Hallo Trish! Ich sehe sehr gut aus. Ich bin blond, groß und sportlich. Ich bin ein Traumtyp!

Toll! Ich bin schlank, hübsch und echt cool.

Ich habe lange, schwarze, krause Haare und tolle, braune Augen.

Hast du ein Foto, Heinz?

Erste Hilfe
ein Foto　a photo

www.　**Internet-Adressen** 😊😊😊
The last two letters of an internet address tell you where it comes from.
Which one leads to a site in Austria? Switzerland? Germany?
- www.fun-online.de
- www.brieffreunde.at
- www.tiere.ch

Sprachtipp

Adjektive

Adjectives are describing words:

Heinz ist sehr **lustig**.   Heinz is funny.

Sie ist **hübsch**.   She is pretty.

When an adjective goes before the word it's describing, we have to add an ending:

Nominative case endings after "ein"

Heinz ist ein lustig**er** Junge.   (Masculine)

Yasemin ist eine gut**e** Freundin.   (Feminine)

Sie ist ein hübsch**es** Mädchen.   (Neuter)

Das sind nett**e** Leute!   (Plural)

Accusative case endings after "ein"

Ich habe einen schwarz**en** Hund.   (Masculine)

Sie hat eine weiß**e** Ratte.   (Feminine)

Wir haben ein lieb**es** Pferd.   (Neuter)

Er hat gerad**e** Haare.   (Plural)

The endings for **mein / dein / sein** are the same as for **ein**.

Nominative case endings after "der"

Hier ist der lustig**e** Junge.   (Masculine)

Hier ist die gut**e** Freundin.   (Feminine)

Hier ist das hübsch**e** Mädchen.   (Neuter)

Hier sind die nett**en** Leute!   (Plural)

Accusative case endings after "der"

Ich sehe den schwarz**en** Hund.   (Masculine)

Sie sieht die weiß**e** Ratte.   (Feminine)

Wir sehen das lieb**e** Pferd.   (Neuter)

Er sieht die nett**en** Leute.   (Plural)

Have you noticed that only the masculine changes?

Aussprache AU

au is pronounced like **ou** in h**ou**se!

Hör zu und wiederhole.

Listen and repeat.

Traumtyp: Klaus, Augen blau, sucht Frau!

Haustier weg: Maus, grau.

2   **Schreib was! -er, -e, -es, -en oder keine Endung?**

-er, -e, -es, -en or no ending?

1   Ich habe blau____ Augen.   (Plural)

2   Sie ist ein sportlich____ Mädchen.   (Neuter)

3   Heinz ist ein blöd____ Junge.   (Masculine)

4   Wir haben einen nett____ Freund.   (Masculine + Accusative)

5   Das ist eine schön____ Katze!   (Feminine)

6   Sie sieht die weiß____ Katze.   (Feminine + Accusative)

7   Ich sehe die schwarz__ Hunde.   (Plural + Accusative)

8   Er sieht den nett____ Junge.   (Masculine + Accusative)

Brieffreunde und Chatlines

● www.blinde-kuh.de/kinderpost.html
Find „Mailfreunde" on the „Pinboard" and read postcards.

● www.funonline.de

● www.kindernetz.de

● www.majo.de

Vokabeltipp **Briefe schreiben**

When you write a letter in German, you don't put your address on the letter. Instead you put it on the top left-hand corner or on the back of the envelope.

This is how you could write a letter or e-mail to a penfriend. The town and date should be in the top right-hand corner of the letter. You also need to remember whether the person you are writing to is male or female – as indicated here in blue and red.

Manchester, den 9. Februar 2001

Liebe Gabi / Lieber Klaus / Hallo

Wie geht's?
Ich heiße / Ich bin ... .
Ich suche eine Brieffreundin / einen Brieffreund in ... .
Willst du mir schreiben?

Wo wohnst du?   Ich komme aus ... . Ich wohne in ... .
Das ist im Norden / Süden / ... .

Ich bin ... alt.
Ich bin ... . Ich habe ... .
Ich habe ... .
Ich habe ... .

Schreib mir bald. / Antworte bald! / Bis bald!
Dein Steven / Deine Rachel

Absender :
Maria Sachs
Grabenstr. 9
4106 Biel

Petra Küffel
Chilmatten Gasse 21
CH - 4105 Biel
Schweiz

Frau
Heidi Albrecht
Barbarastr. 48
D 45475 Mülheim an der Ruhr

Miss C. Jones
21, Wingrove Street
Manchester ME2 4QS
England

---

3 **Schreib was! Schreibe einen Brief. Fülle die Lücken aus.**

Write a letter. Fill the gaps.

_____ Rebecca!   Bern, den 29. März
Wie geht es dir?

Ich heiße _____ . Ich komme aus der 🇨🇭 _____ und ich suche eine _____ .

Willst du mir schreiben?
Ich wohne in Bern. Das ist in der _____ der Schweiz. Wo _____ du?
Ich bin **12** _____ Jahre alt. Wie _____ bist du?

Ich habe _____ und _____ . Ich bin sehr _____ . Und du? Wie siehst du aus?

Ich habe _____ . Sie sind **8** _____ und **14** _____ . Hast du Geschwister?

Ich habe einen _____ . Er ist _____ . Hast du Haustiere?

Schreib mir bald.
_____ Lena

Deine   alt   Brieffreundin
blonde Haare   Liebe   wohnst
Mitte   grüne Augen
Lena   sportlich   Schweiz
Hund   zwei Brüder   braun

Sprachtipp

Groß oder klein?

In English we use capital letters at the beginning of a sentence and for names of people and towns – this is the same in German. However, in German capitals are used for all nouns as well. Nouns are "naming words": they tell us the name of objects, animals, people etc. In English we put "the" or "a" in front of them. In German, you use them with **der / die / das** or **ein / eine / ein.**

eg. Buch / Tisch / Katze / Haustier / Großvater / Tante / Haare / Augen

N.B. You don't need a capital letter for **ich** (I) unless it is the first word of the sentence!

sie, sie oder Sie?

The German word **sie** has four possible meanings: with a capital letter it means "you"; with a small letter it means "she", "it" or "they".

Sie only starts with a **capital letter** when it is at the **beginning** of a sentence or when it means "you".

---

4 **Schreib was! Groß oder klein?**

Big or small? Someone has written this e-mail without the capital letters. Can you correct it?

hallo!

ich heiße jan und ich wohne in österreich. ich suche einen brieffreund. ich bin 13 und ich mag tiere. ich habe einen hamster und drei vögel. ich habe schwarze haare und blaue augen und ich bin sehr groß. ich habe keine brüder, aber eine schwester. hast du geschwister? bis bald.

dein jan

---

5 **Schreib was! sie, sie oder Sie?**

What does sie, sie or Sie mean in these sentences? Take care when it starts a sentence!

1 Das ist Steffi. **Sie** ist nett.
2 Herr Müller, wo wohnen **Sie**?
3 Ich habe eine Katze und **sie** heißt Mausi.
4 Das sind meine Eltern. **Sie** sind geschieden.

5 Herr und Frau Smith, kommen **Sie** aus Amerika?
6 Jon und Dave kommen aus Wales und **sie** sprechen kein Deutsch.

6 **Der Marsmännchen-Rap**

Hör zu und male das Marsmännchen bunt. Dein Lehrer gibt dir eine Fotokopie.
Listen and colour the little martian. Your teacher will give you a photocopy.

---

7 **Mach selber einen Rap**

Höre die Musik an. Male ein neues Marsmännchen und mach einen neuen Rap.
Listen to the music. Draw a new martian and make up a new rap.

Aussagesätze

These are the key phrases you have learned in this chapter:

Hast du Geschwister?	*Have you any brothers or sisters?*
Wie viele Geschwister hast du?	*How many brothers and sisters have you got?*
Nein, ich bin ein Einzelkind.	*No, I am an only child.*
Ich habe einen Bruder / zwei Brüder.	*I have one brother / two brothers.*
Ich habe eine Schwester / zwei Schwestern.	*I have one sister / two sisters.*
Beschreibe deine Familie.	*Describe your family.*
Wer ist das?	*Who is that?*
Das ist mein Vater / meine Mutter.	*That is my father / my mother.*
Beschreibe Matthias' Familie.	*Describe Matthias' family.*
Das ist der Onkel / die Tante von Matthias.	*That is Matthias' uncle / aunt.*
Wie sieht er / sie aus?	*What does he / she look like?*
Wie ist Heinz?	*What is Heinz like?*
Sie ist sehr hübsch.	*She is very pretty.*
Heinz ist lustig.	*Heinz is funny.*
Ich habe lange blonde Haare.	*I have long blond hair.*
Du hast kurze braune Haare.	*You have short brown hair.*
Er hat rote krause Haare.	*He has frizzy red hair.*
Sie hat graue lockige Haare.	*She has curly grey hair.*

Er hat schwarze gerade Haare.	*He has straight black hair.*
Sie hat mittellange Haare.	*She has average length hair.*
Ich habe blaue / grüne / braune Augen.	*I have blue / green / brown eyes.*
Sie hat schwarze Augen.	*She has black eyes.*
Er ist lustig / sportlich.	*He is funny / sporty.*
Sie ist fleißig / nett.	*She is hard-working / nice.*
Er ist doof / blöd.	*He is stupid.*
Sie ist faul / langweilig.	*She is lazy / boring.*
Was für Tiere hast du?	*What sort of pets have you got?*
Ich habe keine Haustiere.	*I don't have any pets.*
Ich habe einen Hund / eine Katze / ein Pferd.	*I have a dog / a cat / a horse.*
Wie heißt der Hund?	*What is the dog called?*
Er heißt Bello.	*It is called Bello.*
Wie heißt die Ratte?	*What is the rat called?*
Sie heißt Rudi.	*It is called Rudi.*
Wie heißt das Kaninchen?	*What is the rabbit called?*
Es heißt Muckel.	*It is called Muckel.*
Wie sieht die Katze aus?	*What does the cat look like?*
Sie ist weiß.	*It is white.*
Wie sieht der Vogel aus?	*What does the bird look like?*
Er ist gelb.	*It is yellow.*
Wie ist das Pferd?	*What is the horse like?*
Es ist lieb.	*It is sweet.*
Der Hund hat braunes Fell.	*The dog has a brown coat.*

Leseseiten

Dreamgirl sucht Traummann

Name:	Eva
Alter:	13
Klasse:	7. Klasse
Wohnort:	Mannheim
Haarfarbe:	braunschwarz
Augenfarbe:	blau
Größe:	1,73

Name:	Inga
Alter:	18
Klasse:	12. Klasse
Wohnort:	Stuttgart
Haarfarbe:	blond
Augenfarbe:	blau
Größe:	1,71

Name:	Katharina
Alter:	14
Klasse:	8. Klasse
Wohnort:	Vaduz (in Liechtenstein)
Haarfarbe:	schwarz
Augenfarbe:	braun
Größe:	1,65

Dreamboy sucht Traumfrau

.... Dreamboy sucht Traumfrau

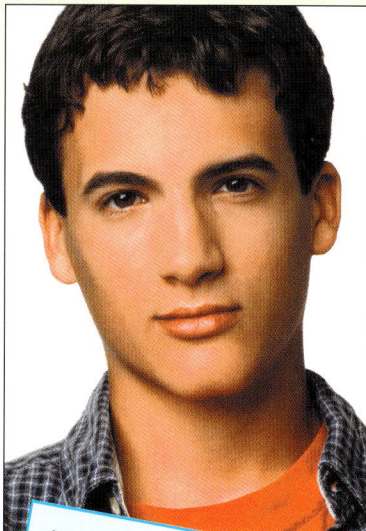

Name:	Aleks
Alter:	17
Klasse:	10. Klasse
Wohnort:	Zürich (in der Schweiz)
Haarfarbe:	blond
Augenfarbe:	blau
Größe:	1,89

Name:	Timo
Alter :	15
Klasse:	9. Klasse
Wohnort:	Berlin
Haarfarbe:	braun
Augenfarbe:	braun
Größe:	1,70

Name:	Eugen
Alter :	16
Klasse:	10. Klasse
Wohnort:	St. Johann (in Österreich)
Haarfarbe:	mittelblond
Augenfarbe:	braun
Größe:	1,88

Wer spricht?

Who is talking?

1   Ich wohne in Berlin. Ich bin fünfzehn Jahre alt. Ich habe braune Haare und braune Augen. Ich heiße _____ .

2   Ich habe blonde Haare und blaue Augen. Ich bin achtzehn Jahre alt. Ich heiße _____ .

Wer ist's?

Who is it?

1   Wer ist sechzehn Jahre alt?

2   Wer ist dreizehn Jahre alt?

3   Wer wohnt in der Schweiz?

4   Wer wohnt in Österreich?

5   Wer hat schwarze Haare und braune Augen?

6   Wer hat braune Haare und braune Augen?

Grammatik

1 Akkusativ

In this chapter we learned about the accusative case. We saw that the only change was when a masculine word was the <u>direct object</u> of the verb – when **ein** changes to **einen** and **der** to **den**.

	Masculine	Feminine	Neuter	Plural
Nominative	ein Hund	eine Schwester	ein Kaninchen	keine Brüder
Accusative	**einen** Hund	eine Schwester	ein Kaninchen	keine Brüder

	Masculine	Feminine	Neuter	Plural
Nominative	der Hund	die Katze	das Pferd	die Katzen
Accusative	**den** Hund	die Katze	das Pferd	die Katzen

2 Possessives

We also learned about how to say "my", "your", "his", "her", "your", "our", "your", "their" in German:

Again when a masculine word was the direct object of the verb, we needed to add -**en** to the possessive. Here is a table to help you remember the endings:

Masculine	the same endings as **ein**							
Nom.	mein	dein	sein	ihr	Ihr	unser	euer	ihr
Acc.	meinen	deinen	seinen	ihren	Ihren	unseren	eueren	ihren

Feminine	the same endings as **eine**							
Nom.	meine	deine	seine	ihre	Ihre	unsere	euere	ihre
Acc.	meine	deine	seine	ihre	Ihre	unsere	euere	ihre

Neuter	the same endings as **ein**							
Nom.	mein	dein	sein	ihr	Ihr	unser	euer	ihr
Acc.	mein	dein	sein	ihr	Ihr	unser	euer	ihr

Plural	refers to more than one thing or person							
Nom.	meine	deine	seine	ihre	Ihre	unsere	euere	ihre
Acc.	meine	deine	seine	ihre	Ihre	unsere	euere	ihre

3 Adjektive

Adjectives are describing words.

Beispiel Heinz ist sehr *lustig*.

When an adjective goes before the word it is describing, we have to add an ending:

	Nom.	Acc.
Masculine	ein schwarzer Hund	**einen** schwarz**en** Hund
Feminine	eine gute Freundin	eine gute Freundin
Neuter	ein liebes Pferd	ein liebes Pferd
Plural	blaue Augen	blaue Augen
Masculine	der schwarze Hund	**den** schwarz**en** Hund
Feminine	die gute Freundin	die gute Freundin
Neuter	das liebe Pferd	das liebe Pferd
Plural	die blaue Augen	die blaue Augen

4 sehen

The verb **sehen** normally means "to see" and is irregular in its **du** and **er**, **sie**, **es** forms:

ich sehe	wir sehen
du s**ie**hst	ihr seht
er, sie, es s**ie**ht	Sie, sie sehen

5 aussehen

The verb **aussehen** means "to look, appear". Often the **aus** part of the verb separates from the main part of the verb and goes to the end.

Ich **sehe** sehr gut **aus**.	*I look very good.*
Wie **sieht** sie **aus**?	*What does she **look** like?*

Kapitel 4 In der Schule

Lernziele

In Unit 4A you will learn how to say
- *your school subjects*
- *what you think of these subjects*
- *what your favourite subjects are*
- *the time of day*
- *the days of the week*

Erste Hilfe

du bist ja	you are just
nicht normal	not normal

1 **Mein Lieblingsfach**

Lies den Cartoon und hör zu!

Schule ist doof!

Wieso? Was gefällt dir nicht?

Mathe ist viel zu schwierig!

Nein, Mathe ist doch ganz einfach.

Kunst ist toll!

Das gefällt mir nicht.

Und Biologie? Das ist interessant.

Schrecklich!

Und Erdkunde ist schrecklich langweilig.

Du bist ja nicht normal!!

Erdkunde? Das ist mein Lieblingsfach!

Vokabeltipp   **Meine Schulfächer**

Deutsch	German	*Kunst*	Art
Biologie	Biology	*Mathe*	Maths
Chemie	Chemistry	*Musik*	Music
Englisch	English	*Physik*	Physics
Erdkunde	Geography	*Religion*	RE
Französisch	French	*Sozialkunde*	Social studies
Geschichte	History	*Sport*	PE
Informatik	ICT	*Technologie*	Technology

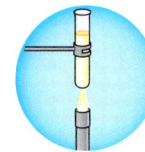

---

2   **Schreib was! Pias Fächer**

Sieh dir den Cartoon an. Was mag Pia? Schreib die Fächer auf.
Look at the cartoon. What does Pia like? Write down the subjects.

Pia

1 _____   2 _____
3 _____   4 _____

---

3   **Hör zu! Welche sechs Schulfächer sind das?**

Listen. Which six school subjects can you hear on this recording?

Aussprache th

Listen to Heinz:
Mathe ist viel zu schwierig!
In German **th** is pronounced
like **t** in English! Listen and
repeat:
Mathe, Thomas, Thorsten,
Theresa.

Vokabeltipp   **Wie gefällt dir … ?**

What do you think of your subjects?

Wie gefällt dir Mathe?	What do you think of Maths?
Welches Fach gefällt dir (nicht)?	Which subject do you (not) like?

Mir gefällt Mathe	*gut.*	*nicht.*
Wie findest du Deutsch?		What do you think of German?

Ich finde Musik	*toll.*	*doof.*
	einfach.	*schwierig.*
	interessant.	*langweilig.*
	gut.	*nicht so gut.*
Ich mag Sport	*gern.*	*nicht so gern.*
Deutsch ist in Ordnung.		German is OK.
Es geht.		It's OK.

---

4 **Schreib was! Richtig oder falsch?**

Look at the cartoon again. True or false?

Beispiel   **1** Heinz findet Schule gut.   *Das ist falsch. Heinz findet Schule doof.*

2 Heinz mag Mathe nicht so gern.   **6** Pia findet Biologie langweilig.
3 Pia findet Mathe schwierig.   **7** Heinz gefällt Biologie nicht.
4 Pia findet Kunst toll.   **8** Heinz mag Erdkunde gern.
5 Heinz gefällt Kunst gut.   **9** Pia findet Erdkunde toll.

5 **Sag was! Wie gefallen dir deine Schulfächer?**

Kreuze auf der Skala von 1–10 an und frage deine Freunde. Wie viele Punkte bekommt das Fach?

Do you like your subjects? Mark a cross on a scale between 1 and 10 and ask your friends. How many points does each subject score?

Beispiel   Wie findest du Mathe?   4 + 5 = 9

doof   1———*x*———-10   toll
schwierig   1———*x*———-10   einfach
langweilig   1———*x*———-10   interessant

6 **Sag was! Was magst du lieber?**

What do you prefer? Make up some sentences with a partner.

Beispiel   Englisch / Französisch
Was magst du lieber? Englisch oder Französisch?
Ich mag Englisch lieber als Französisch. Und du?

1 Kunst / Musik
2 Sport / Mathe
3 Geschichte / Biologie
4 Informatik / Religion
5 Sozialkunde / Deutsch

Vokabeltipp   **Lieblingsfächer**

4 + 5 = 9

Was magst du lieber? Englisch oder Französisch?	Which do you prefer? English or French?
Ich mag Englisch lieber als Französisch.	I prefer English to French.
Was ist dein Lieblingsfach?	What is your favourite subject?
Mein Lieblingsfach ist ….	My favourite subject is …
Was sind deine Lieblingsfächer?	What are your favourite subjects?
Meine Lieblingsfächer sind … .	My favourite subjects are … .

7   **Hör zu! Mein Lieblingsfach. Was passt zusammen?**

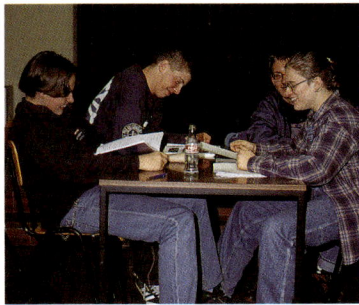

Paß auf: Es gibt zu viele Fächer!

My favourite subject. Match the person with his or her favourite subject(s). Watch out!
There are more subjects than you will need.

1 Petra

2 Yussuf

3 Megan

4 Jakob

Technologie	Sport	Französisch
Informatik		Englisch
Sozialkunde	Chemie	

8   **Sag was! Was ist dein Lieblingsfach?**

Mache ein Diagramm für deine Klasse.

What is your favourite subject? Make a chart of the favourite subjects of your whole class.

Vokabeltipp   **Lehrer**

Hast du einen Lehrer oder eine Lehrerin in Religion?

Wie gefällt dir   dein Lehrer?

                     deine Lehrerin?

Mir gefällt   mein Lehrer / meine Lehrerin   gut / nicht so gut.

Warum?

Er / Sie ist   nett / cool / lustig / langweilig etc.

- Kunst • Informatik
- eine Lehrerin
- einen Lehrer
- nicht so gut
- schwierig
- interessant
- langweilig
- ganz einfach
- nicht einfach
- lustig • nicht lustig
- nett • in Ordnung
- cool

9   **Hör zu! Warum?**

Thomas und Miriam reden über ihre Lieblingsfächer. Mache die Sätze.

Thomas und Miriam are talking about their favourite subjects. Make sentences.

Miriams / Thomas' Lieblingsfach ist _____ .

Miriam / Thomas findet Informatik _____ .

Miriam / Thomas hat _____ in Informatik.

Sie / Er ist _____ .

Miriam / Thomas findet Kunst _____ .

Miriam / Thomas hat _____ in Kunst.

Er / Sie ist _____ und _____ .

10   **Sag was! Mach einen Dialog nach dem Modell oben.**

Make up a dialogue with a partner based on what you have just heard.

- Was ist dein Lieblingsfach?   – Mein Lieblingsfach ist … .
- Magst du … ?   Ja / Nein, … .
- Gefällt dir … ?   Ja / Nein, … .

- Warum?   Ich finde … . / Es ist … .
- Hast du eine Lehrerin / einen Lehrer in … ?   – Ich habe … .
- Wie gefällt er / sie dir?   – Er / Sie ist … .

Vokabeltipp — Die Uhrzeit

This is how you ask for and give the time:

Wie spät ist es?   **Es ist ein Uhr.**

                  Es ist fünf Uhr.

Wie viel Uhr ist es?   **Es ist 3 Uhr.** `15.00`

                  Es ist 21 Uhr. `21.00`

Kulturtipp

Wie spät ist es in Deutschland?

Germans often use the 24-hour clock. It's what a digital watch shows you. Look at the examples then see if you can work out the others:

9:00 am –	Es ist 9 Uhr	6:00 pm –	Es ist … .
12:00 am –	Es ist 12 Uhr	9:00 pm –	Es ist … .
1:00 pm –	Es ist 13 Uhr (+12)	5:00 am. –	Es … .
3:00 pm –	Es ist 15 Uhr	11:00 pm –	Es … .

11   **Wie viel Uhr ist es in … ?**

Wenn es 12 Uhr mittags in London ist, wie spät ist es in Sydney?

If it is 12pm in London, what time is it in Sydney?

Beispiel   Sydney, Australien + *10* → *Es ist 22 Uhr in Sydney.*

Stadt	Land	Zeit
Auckland	Neuseeland	+12
Athen	Griechenland	+2
Istanbul	Türkei	+2
Moskau	Russland	+3
New York	USA	–5
Paris	Frankreich	+1
Peking	China	+8
Tokyo	Japan	+9
Vancouver	Kanada	–8
Wien	Österreich	+1

Pass auf!   **Sonnabend**

In some parts of Germany and the other German-speaking countries, the word **Sonnabend** is used instead of **Samstag**.

Vokabeltipp — Die Wochentage

Montag, Dienstag, Mittwoch, Donnerstag, Freitag, Samstag, Sonntag

All the days, except Wednesday, have -**tag** on the end. This is the German word for "day". The odd one out is **Mittwoch**. Mitte means "middle" in German and **Woche** means "week" – so Wednesday is the middle of the week. Often, the days are abbreviated like this:

Mo / Di / Mi / Do / Fr / Sa / So

Welcher Tag ist heute?   **Heute ist Montag.**   What's the day today? – Today is Monday.

Welcher Tag ist morgen?   **Morgen ist Dienstag.**   What's the day tomorrow? – Tomorrow is Tuesday.

12   **Lied: Laurenzia**

Listen to this old German song and try to follow the words in the book. It might help you to remember the days of the week:

1   Laurenzia, liebe Laurenzia mein,
wann werden wir wieder zusammen sein?
Am Montag.
Ach wenn es doch erst wieder Montag wär,
und ich bei meiner Laurenzia wär,
am Montag.

2   Laurenzia, liebe Laurenzia mein,
wann werden wir wieder zusammen sein?
Am Dienstag.
Ach wenn es doch erst wieder Montag, Dienstag wär,
und ich bei meiner Laurenzia wär,
am Dienstag.

3   Laurenzia, liebe Laurenzia mein,
wann werden wir wieder zusammen sein?
Am Mittwoch.
Ach wenn es doch erst wieder Montag, Dienstag…

4   Laurenzia, liebe Laurenzia mein,
wann werden wir wieder zusammen sein?
Am Donnerstag…

5   Laurenzia, liebe Laurenzia mein,
wann werden wir wieder zusammen sein?
Am Freitag…

6   Laurenzia, liebe Laurenzia mein,
wann werden wir wieder zusammen sein?
Am Samstag…

7   Laurenzia, liebe Laurenzia mein,
wann werden wir wieder zusammen sein?
Am Sonntag…

13   **Das Launenbarometer: Wie geht es dir am … ?**

Macht alle eine Tabelle für die ganze Woche.
The mood chart: What are you like on … ? Make a chart for the whole week.

Schlüssel

☺   Es geht mir heute gut
😐   Es geht.
☹   Es geht mir heute nicht so gut.
💣   Ich habe heute schlechte Laune.
ZZZ   Ich bin heute müde.

Beispiel

Name	Montag	Dienstag	Mittwoch	Donnerstag	Freitag
Sally	☹	😐	☺	💣	ZZZ
Alex	ZZZ				

Einheit B   Mein Schultag

Lernziele

In Unit 4B you will learn how to say
- *more about the clock*
- *when school starts and finishes*
- *what lessons you have when*
- *some useful classroom phrases*

1   **Heinz ist spät dran**

Lies den Cartoon und hör zu.

Panel 1:
Mensch Heinz, du kommst zu spät!
Wieso? Wie viel Uhr ist es denn?
Viertel vor zehn.

Panel 2:
Ich komme nicht zu spät. Die Schule beginnt am Donnerstag um fünf vor zehn.
Richtig, aber heute ist Mittwoch!

Panel 3:
Oh je!!! Was haben wir jetzt?
Mathe.
Oh nein, ich habe die Hausaufgaben vergessen.

Panel 4:
Lass mich abschreiben, Pia!
Nein!
Nein!
Doch, bitte!

Panel 5:
Mist!

Panel 6:
Guten Morgen, alle zusammen.
Guten Morgen, Herr Schulze!

Panel 7:
Dana Kaufmann?
Hier.
Heinz Schuh?
Hier.
Pia Klein?

Panel 8:
Hier!

Erste Hilfe

Mensch!	Hey!
Oh je!	Oh dear!
Mist!	Blast!

Kulturtipp   Schule

In Germany and Austria children start school at the age of six. In most parts of Germany **Grundschule** (primary school) lasts for four years. In Austria primary school is called **Volksschule**.

When they are 10 years old, children are streamed into one of three types of schools: **Hauptschule**, **Realschule** or **Gymnasium**. The most academically-minded students go to the **Gymnasium**, which is like a grammar school. You stay at the **Gymnasium** for nine years. After that you can take your **Abitur** (like A-Level examinations) and go to university. The Austrian equivalent is called **Matura**.

Realschule and **Hauptschule** both last for six years. **Hauptschule** is the least academic type of school, while **Realschule** is an in-between type of school. **Realschule** students can sometimes transfer to a **Gymnasium** after their last year.

In some parts of Germany students can opt to go to a **Gesamtschule** (comprehensive school), but the majority of schools still belong to the three traditional types of schools.

S p r a c h t i p p

Die Uhrzeit

nach: →

Saying the minutes past the hour in German is similar to the English: minutes, then **nach** (past) the hour:
Es ist fünf nach drei.

You can also say **Viertel** (quarter) past the hour:
Es ist Viertel nach drei.

vor: ←

To say the minutes to the hour you say the number of minutes **vor** (to) then the hour:
Es ist zwanzig vor drei.

You can also say **Viertel** (quarter) to the hour:
Es ist Viertel vor drei.

halb

Half past the hour can cause some confusion!
Look at this clock:
Es ist halb zwei.

In English we think: half <u>past</u> two. Germans plan ahead! They look to the next hour. They think: half <u>before</u> three.

Remember: if you have to meet a German at **halb drei** and you turn up at 3.30, you would be an hour late!

Take care only to use **Uhr** where you really need it. It is used like o'clock in English

eg.   8 Uhr   *8 o'clock*

but it is also used in the 24 hour clock system:

eg.   15 Uhr 35   *15.35*

Otherwise leave it out, like in English:

eg.	**fünf nach sieben**	*five past seven*
	Viertel vor zwei	*quarter to two*
	halb vier	*half three*

But

~~viertel vor 14 Uhr~~

You can't use **viertel** or **halb** with the 24-hour clock. You have to use the minutes:

eg.   13 Uhr 45   *13.45*

For midday and midnight you can use:

Es ist Mittag.   It is midday.

Es ist Mitternacht.   It is midnight.

Vokabeltipp   Wann ist Schule?

Sie dir Bild 2 im Cartoon auf Seite 67 an. Was heißt das auf Englisch?
Look at picture 2 in the cartoon on page 67. What does this mean in English?

Die Schule beginnt am Donnerstag um fünf vor zehn.
School ... at five to ten on Thursday.

Here are some more ways to say when school begins and ends:

Wann ist	*am Montag*	*Schule?*
Wann beginnt	*heute*	*die Schule?*
Wann endet	*morgen*	*die Schule?*
Wann ist	*...*	*die Schule aus?*

Die Schule	*beginnt*	*am Montag*	*um 8 Uhr.*
	endet	*heute*	*um halb zwei.*
	ist	*morgen*	*um Viertel nach eins aus.*

von 8 Uhr bis 10 Uhr from 8 o'clock to 10 o'clock

> **Pass auf!**   **Stunde / Uhr**
>
> **Stunde** means "hour" and also "lesson" (many lessons last an hour).
> **Uhr** means "o'clock", "clock" or "watch" – it does not mean "hour"!

---

2   **Schreib was! Uhr oder Stunde? Fülle die Lücken.**

O'clock, watch or hour? Fill the gaps

1 Es ist zehn _____ .

2 Die erste _____ ist Deutsch.

3 Die dritte _____ ist Biologie.

4 Das ist meine _____.

---

3   **Lies was! Pias Stundenplan**

Pia Klein   Klasse 9b, Realschule Nord

Zeit		Montag	Dienstag	Mittwoch	Donnerstag	Freitag	Samstag
0	7.15–8.00	––	Informatik	–– –– –– ––			
1	8.05–8.50	Englisch	Französisch	Erdkunde	––	Mathe	Deutsch
2	8.55–9.40	Deutsch	Französisch	Chemie	––	Musik	Deutsch
3	9.55–10.40	Biologie	Physik	Mathe	Kunst	Englisch	––
4	10.45–11.30	Geschichte	Englisch	Mathe	Kunst	Sport	––
5	11.55–12.40	Französisch	––	Religion	Deutsch	Sport	––
6	12.45–13.30	––	––	Englisch	Deutsch	––	––

0: Vorstunde   kleine Pause: 9.40–9.55   große Pause: 11.30–11.55

---

4   **Sieh dir Pias Stundenplan an. Wann sind die Stunden?**

Look at Pia's timetable. When are her lessons?

Beispiel   7.15-8.00 Die Vorstunde ist von *viertel nach sieben* bis *acht Uhr*.

1 8.05–8.50   Die erste Stunde ist von … bis … .

2 8.55–9.40   Die zweite Stunde ist von … bis … .

3 9.55–10.40   Die dritte Stunde ist … .

4 10.45–11.30   Die vierte Stunde … .

5 11.55–12.40   Die fünfte Stunde … .

6 12.45–13.30   Die sechste Stunde … .

5 **Sieh dir Pias Stundenplan an und fülle die Lücken aus: „beginnt" oder „endet"?**

*Look at Pias timetable and fill the gap: **beginnt** or **endet**?*

Beispiel Die Schule *beginnt* am Montag um 8.05 Uhr.

1 Die Schule _____ am Dienstag um 7.15 Uhr.
2 Die Schule _____ am Montag um 12.40 Uhr.
3 Die Schule _____ am Donnerstag um 9.55 Uhr.

4 Die Schule _____ am Samstag um 9.40 Uhr.
5 Die kleine Pause _____ um 9.40 Uhr.
6 Die große Pause _____ um 11.55 Uhr.

6 **Hör zu! Schule in Deutschland und England**

Yasemin erzählt Lauras Freundin Claire über die Schule in Deutschland.

Richtig oder falsch? Finde die Fehler und korrigiere sie.

Yasemin is telling Laura's friend Claire about school in Germany.

True or false? Find the mistakes and correct them.

1 Yasemin geht auf die Gesamtschule Nord.
2 Die Schule beginnt am Mittwoch und Freitag um 8.30 Uhr.
3 Die Schule beginnt am Donnerstag um 9 Uhr.
4 Die Schule beginnt am Montag um 8.15 Uhr.
5 Am Samstag ist um 10.05 Uhr Schule.
6 Die Schule endet am Samstag um 11.30 Uhr.

7 Die Schule ist am Montag und Dienstag um 1.15 Uhr aus.
8 Am Mittwoch und Freitag ist die Schule um 1.30 aus.
9 Am Donnerstag endet die Schule um 10.30.
10 Die kleine Pause ist von 9.50 Uhr bis 10.05 Uhr.
11 Die große Pause ist vier Stunden lang.

7 **Ergänze die Stundenpläne**

Complete Yasemin's and Claire's timetables.

	Mo.	Di.	Mi	Do.	Fr.	Sa.
0						
1						
2						
3						
4						
5						
6						

8 **Sag was! Stundenpläne**

Describe Pia's timetable. Describe your own time table.

- Wann beginnt / endet am … die Schule?
- Wann ist am … die Schule aus?
- Die Schule beginnt / endet am … um … .
- Die Schule ist am … um … aus.

9 **Schreib was! Ergänze die Sätze**

Complete the sentences! Put the correct ending on the verbs in the following sentences.

1 Ich heiß_ Pia
2 Er beschreib_ seine Familie.
3 Du ha__ heute Geburtstag.
4 Ihr wohn_ in der Stadtmitte.
5 Tante Katrin und Onkel Hans sind verheiratet. Sie leb__ zusammen.
6 Hans und Jürgen sind gute Freunde – sie find__ Mathematik interessant.

Sprachtipp

Personal pronouns

"My teacher is called Mr. Brown – he makes German interesting." "He" is a personal pronoun, replacing "my teacher" or "Mr. Brown" in the second statement.

Pronouns are used to replace nouns. They save us a lot of repetition: without them, sentences could be very clumsy. Some pronouns refer to one person (singular) and some refer to more than one (plural).

Singular

ich   I

du   you (to one person you call by his / her first name)

Sie   you (polite, for an older person you don't know)

er   he or it (for a masculine word)

sie   she or it (for a feminine word)

es   it (for a neuter word)

Plural

wir   we

ihr   you (to more than one person you call by their first names)

Sie   you (polite, for older people you don't know)

sie   they

The German word "sie" has four possible meanings:

Sie   with a capital letter it means "you"

sie   with a small letter it means "she", "it" or "they"

We use these pronouns with **verbs**. Remember: German verbs have different endings depending on who is doing the action of the verb. This pattern of endings is followed by most German verbs:

wohn**en** – *to live*

ich wohn**e**	wir wohn**en**
du wohn**st**	ihr wohn**t**
er, sie, es wohn**t**	Sie, sie wohn**en**

> **Pass auf!**
>
> Notice that **wir** (we), **Sie** (you) and **sie** (they) all have the same verb ending.
> Remember that **haben**, **sehen** and **sein** do not follow these rules!

---

10   **Schreib was! Bilde Sätze (1)**

Form sentences. Select words or phrases from each box to form nine different sentences!

Beispiel   *Er heißt Peter.*

ich	wohnen	gut aus.
du	ist	zusammen.
er	sprechen	schön.
sie	**heißt**	aus Deutschland.
es	sehe	Englisch.
wir	kommt	am 5. Februar Geburtstag.
ihr	wohnt	einen Hund.
Sie	haben	in Hamburg.
sie	hast	**Peter**.

wohne	sind	hast
kommen	wohnst	
heiße	sehe	ist

11　Schreib was! Bilde Sätze (2)

Now make your own sentences using the words in the box.

Vokabeltipp　Wann habt ihr Mathe?

This is how you describe your timetable in more detail.

Was	hast du	am Montag	in der ersten / zweiten / dritten / letzten Stunde?
	habt ihr	heute	in der Vorstunde?
	haben wir	morgen	um 10 Uhr?

Ich habe	am Donnerstag	Mathe.
Wir haben	in der ersten Stunde	Deutsch.
	um 10 Uhr	eine Doppelstunde Sport.

12　Hör zu! Welcher Tag ist es?

Pia und Heinz beschreiben ihren Schultag. Sieh dir Pias Stundenplan an. Welcher Tag ist es?
Pia and Heinz are describing their day at school. Look at Pia's timetable on page 69. Which day are they describing?

13　Sag was! Beschreib den Stundenplan

Arbeite mit einem Partner. Jeder bekommt einen Stundenplan. Beschreibt einander eure Pläne. Vergleicht die Ergebnisse.
Work with a partner. You will each be given a timetable. Describe your schedules to each other and write down your partner's hours. Compare results.

14　Sag was! Mein Traumstundenplan

Arbeite mit einem Partner. Wie sieht euer Traumstundenplan aus?
Work with a partner. What would your ideal timetable look like?

Aussprache

Die Umlaute

Take care to pronounce the **umlaut** correctly! Listen to the tape and repeat.

ä, Ä – like "a" in "late":
Wie spät ist es?
Das Mädchen gefällt mir. Sie ist Engländerin.

ö, Ö – almost like "colonel". Make your mouth really small.
Schildkröten und Vögel sind blöd.
Hör zu, in Köln ist es schön.

ü, Ü – almost like "Eew, yuck"! Point your lips.
Fünf Brüder im Süden von München. Tschüs!
Grün für Nürgül.

Lerntipp　Umlaut

This is how you can type the **umlaut** on the computer.

	ß = ALT + 225
ä = ALT + 132	Ä = ALT + 142
ö = ALT + 148	Ö = ALT + 153
ü = ALT + 129	Ü = ALT + 154

On some e-mail and phone messages you cannot always type the **umlaut**. This is how you replace them:
ä = ae　ö = oe　ü = ue　ß = ss

Vokabeltipp   100–1 000 000

Now learn the numbers 100 to a million!

100	*hundert*
101	*hunderteins*
102	*hundertzwei*
125	*hundertfünfundzwanzig*
200	*zweihundert*
300	*dreihundert*
1000	*tausend*
3000	*dreitausend*
1984	*neunzehnhundertvierundachtzig*
2002	*zweitausendzwei*
1 000 000 1.000.000 }	*eine Million*

⚠ Paß auf!

Take care with the commas and points. German and English are different!

Deutsch		*Englisch*
1.000	*Euro*	*1,000 euros*
or 1000	*eintausend Euro*	
4,50	*Euro*	*4.50 euros*
	vier Euro fünfzig	
2,5 cm.	*zwei Komma*	*2.5 cm*
	fünf Zentimeter	

7 oder 1?

The German 1 can look very much like an English '7'.
So don't forget to cross your 7!

15   Hör zu! Umlaut?

Umlaut or no umlaut?

● **a oder ä?**

1 In der N__he der Niederl__nde.
2 M__rz im H__rz.
3 M__rtha und __nne.
4 Schulf__cher: M__the, Inform__tik, Fr__nzösisch.

● **o oder ö?**

1 __sterreich und K__ln sind sch__n sch__n.
2 Zw__lf __nkel h__ren M__nika zu.
3 __tto und J__rg sprechen Franz__sisch.

● **u oder ü?**

1 F__nfzehn h__bsche M__ller und ein s__ßer H__nd.
2 Mein Br__der ist T__rke.
3 M__de aber l__stig in Z__rich.

● **ä oder ö oder ü?**

1	K__ln	6	Br__ssel
2	W__rzburg	7	G__ttingen
3	D__sseldorf	8	L__beck
4	T__bingen	9	Rum__nien
5	D__nemark	10	Malm__

Vokabeltipp   In der Klasse (1)

Teile dein Buch mit deinem Nachbarn.			Share your book with the person next to you.	
Ich habe	*meine Hausaufgaben*	*vergessen.*	I have forgotten	my homework.
	meinen Stift / mein Buch			my pen / my book
	mein Heft / meine Tasche			my exercise book / my bag
Kannst du mir	*ein Buch*	*leihen?*	Can you lend me	a book?
	ein Blatt Papier			a piece of paper
	einen Stift			a pen
Entschuldigung.			Excuse me.	
Ich komme zu spät.			I am too late.	
Es tut mir Leid			Sorry	

S p r a c h t i p p

Imperativ

If you want to tell someone or some people to do something, you will need to use an imperative. Remember that there are three ways of saying "you" in German:

du when you are speaking to a another young person or a relative

ihr is the plural of **du** and is used when speaking to one or more young people or relatives

Sie is used when speaking to one or more adults

There are therefore also three main ways of giving a command:

(a) The **du** form (for when you're ordering **one** person you're on friendly / familiar terms with.)
Take the **du** form of the verb in the present tense. Take away the word **du** and the **-st** ending.

eg. du gehst – **geh!**   *go!*
  du bleibst – **bleib!**   *stay!*
  du gibst – **gib!**   *give!*

> **Pass auf!**
>
> Verbs that add an umlaut in the **du** form drop it again in the imperative: du schläfst – **schlaf!**
>   du läufst – **lauf!**

(b) The **ihr** form (for when you're ordering more than one person you're on **friendly / familiar** terms with – for instance when the teacher is telling you what to do) Take the **ihr** form of the verb in the present tense. Take away the word **ihr**.

eg. ihr geht – **geht!**
  ihr bleibt – **bleibt!**

(c) The **Sie** form (for when you're ordering one or more than one person you're on **formal / polite** terms with) Take the **Sie** form of the verb in the present tense. Turn the verb and the word **Sie** around.

eg. Sie gehen – **gehen Sie!**
  Sie bleiben – **bleiben Sie!**

Vokabeltipp   In der Klasse (2)

Setz dich / Setzt euch!   Sit down!
Steh / Steht auf!   Stand up!
Komm / Kommt nach vorne!   Come to the front!
Lies / Lest Seite 3, Aufgabe 7 vor!   Read out page 3, Exercise 7!
Öffne / Öffnet das Buch auf Seite 36!   Open the book at page 36!
Schließ / Schließt das Buch!   Close the book!

---

16   **Hör zu! Welches Bild passt?**

Listen. Which picture matches?

1 2 3 4 5 6 7 8

17   **Spiel: Bitte!**

Folge den Anweisungen nur, wenn der Lehrer **bitte** sagt!
*Only follow the instructions if your teacher says **bitte** (please).*

18   **Wortschlange: Finde die Schulfächer. Was bleibt übrig?**

Find the subjects. What's left?

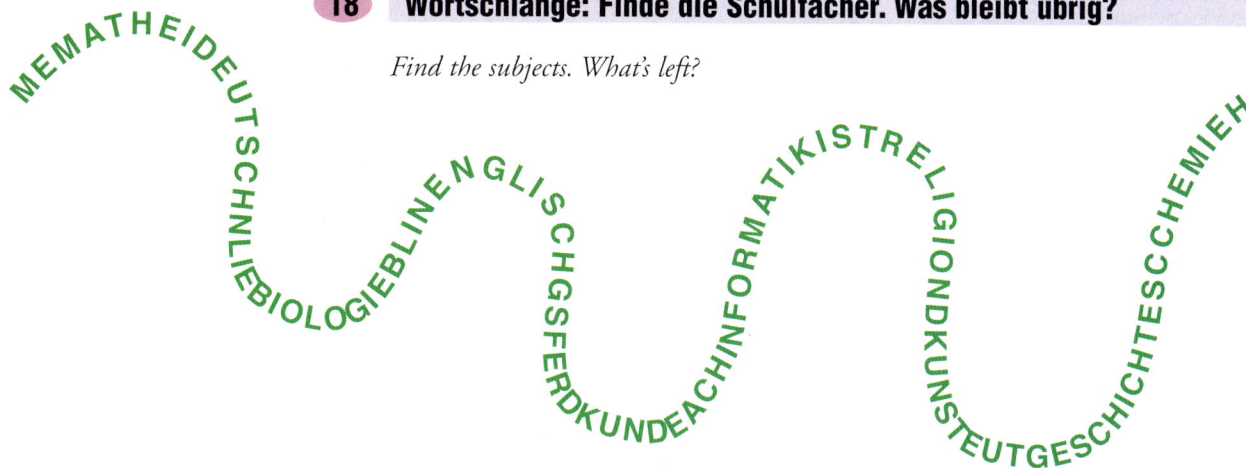

MEMATHEIDEUTSCHNLIEBIOLOGIEBLINENGLISCHGSFERDKUNDEACHINFORMATIKISTRELIGIONDKUNSTEUTGESCHICHTESCCHEMIEH

19   **Hör zu! Lied: Der Schul-Rap**

Listen carefully to the song and follow the words in the book. It will help you remember some key phrases from this chapter!

Der Schul-Rap

Wie spät ist es?
Wie viel Uhr ist es?
Es ist Montag,
zehn nach zehn.
Es ist Montag –
ich muss zur Schule geh'n!
Oh nein, oh nein!!!

Guten Morgen, guten Tag.
Entschuldigung, ich komme zu spät.
Ich habe keine Hausaufgaben;
ich habe sie vergessen!

Oh nein, oh nein!!!

Ich hab um acht Uhr Mathe.
Ich finde Mathe doof.
Ich hab um neun Uhr Deutsch.
Deutsch ist viel zu schwer.

Oh nein, oh nein!!!

Ich hab um zehn Uhr Englisch.
Ich mag Englisch nicht.
Ich hab um elf Uhr Pause.
Das gefällt mir gut!

Oh ja, oh ja!!!

Ich hab um zwölf Uhr Musik.
Ich finde Musik toll!
Um ein Uhr ist die Schule aus.
Das find ich gut, jawohl!

Oh ja, Hurra!!!!

www.   **Lernen in Deutschland**
Have a look at a web site where German pupils get help with German, English and Maths and meet them in the chat room.
● www.learnetix.de

Leseseiten

Schule *nein danke!*

Wie soll ein Lehrer sein?

Ricky

Ein Lehrer muss den Schülern das Gefühl geben, dass er sich wirklich für sie interessiert. Die meisten Lehrer halten Jugendliche für verdorben.

Anja

Er sollte streng und locker zugleich sein.

Insa

Er darf nicht alt und verknöchert sein. Ich muss das Gefühl haben: Hey, das ist ein toller Typ!

Tina

Ich hatte in der 7. Klasse einen guten Englischlehrer! Der machte oft Witze, war aber auch streng: ein Traum von Lehrer!

Erste Hilfe

locker	cool
verknöchert	fossilised/like an old fossil
sich interessieren für	to be interested in
verdorben	evil
die Witze	jokes
drohen mit einem Verweis	threaten some sort of punishment
höflich	polite

Sasha

Wenn es ein Problem in der Schule gibt, drohen Lehrer sofort mit einem Verweis. Kein Wunder, dass wir keinen Respekt vor ihnen haben!

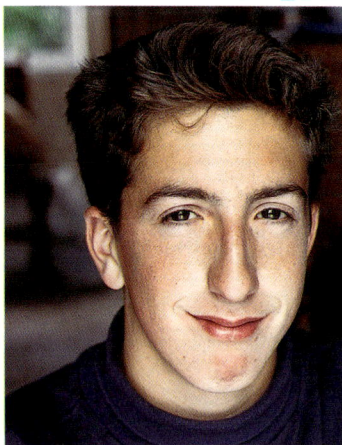

Kevin

Wenn du höflich zum Lehrer bist, ist er höflich zu dir. So wie der Lehrer zu mir ist, bin ich zu ihm.

Richtig oder falsch?
True or False?

1 Insas Traumlehrer muss sehr alt sein.
2 Tinas Traumlehrer war streng aber machte Witze.
3 Anjas Traumlehrer soll streng und locker sein.
4 Kevins Traumlehrer ist höflich.

Mach eine Liste: wie soll ein guter / schlechter Lehrer sein?
Make a list of what makes a good teacher and what makes a bad teacher:

	ein guter Lehrer	ein schlechter Lehrer
Beispiel	höflich	verknöchert

You could use some of these words and any others you can think of!

streng	locker	verknöchert
ein toller Typ		verdorben
macht oft Witze		droht mit einem Verweis
höflich		alt

Wer spricht ?
Who is speaking?

1 Ein Lehrer soll cool aber auch streng sein.
2 Ich habe keinen Respekt vor Lehrern.
3 Man soll immer höflich mit den Lehrern sein.
4 Mein Englischlehrer machte oft Witze.
5 Mein Lehrer soll toll sein.

Und du, was meinst du: **wie soll ein Lehrer sein?**
And what do you think: what should a teacher be like?

Aussagesätze

These are the key phrases you have learned in this chapter:

Wie gefällt dir Mathe?	*What do you think of maths?*
Wie findest du Deutsch?	*What do you think of German?*
Welches Fach gefällt dir (nicht)?	*Which subject do you (not) like?*
Mir gefällt Mathe gut.	*I like maths.*
Mir gefällt Religion nicht.	*I don't like RE.*
Ich mag Sport.	*I like PE.*
Ich mag Physik nicht so gern.	*I don't like physics much.*
Ich finde Musik toll / doof / einfach / schwierig / interessant / langweilig.	*I think music is great / stupid / easy / difficult / interesting / boring.*
Deutsch ist in Ordnung.	*German is OK.*

Was magst du lieber? Englisch oder Französisch?	*Which to you prefer? English or French?*
Ich mag Englisch lieber als Französisch.	*I prefer English to French.*
Mein Lieblingsfach ist Deutsch.	*My favourite subject is German.*

Hast du einen Lehrer oder eine Lehrerin in Religion?	*Have you a male or a female teacher in RE?*
Wie gefällt dir dein Lehrer / deine Lehrerin?	*What do you think of your teacher?*
Mir gefällt mein Lehrer / meine Lehrerin gut / nicht so gut.	*I like / don't like my teacher.*
Warum?	*Why?*
Er / Sie ist nett / cool / lustig / langweilig.	*He / she is nice / trendy / funny / boring.*

Es geht mir heute gut.	*I am very well today.*

Es geht.	*It's OK.*
Es geht mir heute nicht so gut.	*I'm not very well today.*
Ich habe heute schlechte Laune.	*I'm in a bad mood today.*
Ich bin heute müde.	*I am tired today.*

Wie spät ist es? Wie viel Uhr ist es?	*What time is it?*
Es ist ein / zwei / drei ... Uhr	*It is one / two / three ... o'clock*
Es ist Mittag.	*It is midday.*
Es ist Mitternacht.	*It is midnight.*
Es ist fünf nach drei.	*It is five past three.*
Es ist Viertel nach drei.	*It is quarter past three.*
Es ist zehn vor drei.	*It is ten to three.*
Es ist Viertel vor drei.	*It is quarter to three.*
Es ist halb zwei.	*It is half past one.*

Wann ist am Montag Schule?	*When do we have to be in school on Monday?*
Wann beginnt heute die Schule?	*When does school begin today?*
Wann endet morgen die Schule?	*When does school finish tomorrow?*
Wann ist die Schule aus?	*When does school finish?*
Die Schule beginnt am Montag um 8 Uhr.	*School begins at 8 o'clock on Monday.*
Die Schule endet heute um halb zwei.	*School finishes at half one today.*
Die Schule ist morgen um Viertel nach eins aus.	*School finishes at 1.15 tomorrow.*
Ich habe meine Hausaufgaben vergessen.	*I have forgotten my homework.*
Kannst du mir ein Buch leihen?	*Can you lend me a book?*

Grammatik

In this chapter we have looked at the following:

1 Personal pronouns

Some pronouns refer to one person (singular) and some refer to more than one (plural):

Singular		Plural	
ich	I	**wir**	we
du	you (to one person you call by his / her first name)	**ihr**	you (to more than one person you call by their first names)
Sie	you (polite, for an older person you don't know)	**Sie**	you (polite, for older people you don't know)
er	he or it (for a masculine word)	**sie**	they
sie	she or it (for a feminine word)		
es	it (for neuter words)		

The German word "sie" has four possible meanings:

Sie   with a capital letter it means "you"

sie   with a small letter it means "she", "it" or "they"

Note that **ich** does not have a capital unless it is at the beginning of a sentence.

2 Verbs

German verbs have different endings depending on who is doing the action of the verb. This is usually a noun or a personal pronoun.

wohn**en**	*(to live)*
ich wohn**e**	I live
du wohn**st**	you live (to one person you call by their first name)
er wohn**t**	he, it lives (for a masculine word)
sie wohn**t**	she, it lives (for a feminine word)
es wohn**t**	it lives (for neuter words)
wir wohn**en**	we live
ihr wohn**t**	you live (to more than one person you call by their first names)
Sie wohn**en**	you live (polite, for older people you don't know)
sie wohn**en**	they live

Notice that **wir** (we), **Sie** (you) and **sie** (they) all have the same verb ending.

3 Imperative

(a) The **du** form.

Take away the word **du** and the -**st** ending:

eg. du gehst – **geh!**   go!

du gibst – **gib!**   give!

Verbs that add an umlaut in the **du** form drop it again in the imperative:

du schläfst – **schlaf!**

(b) The **ihr** form.

Take the ihr form of the verb in the present tense:

eg. ihr geht .... **geht!**

(c) The **Sie** form.

Take the **Sie** form of the verb in the present tense:

Turn the verb and the word **Sie** around.

eg. Sie gehen – **gehen Sie!**

Sie bleiben – **bleiben Sie!**

Kapitel 5 Mein Zuhause

Einheit A — Mein Haus

Lernziele

In Unit 5A you will learn how to describe
- *where your house is situated*
- *what sort of house you live in*

1 Ich wohne hier

Lies den Cartoon und hör zu!

Hallo Trish!
Hier ist mein Foto! Das bin ich.
Das ist mein Haus in Südfrankreich. Es ist in der Nähe von Cannes.
Es hat einen Garten und einen Swimmingpool. Toll, was?!

Das ist meine Luxus-Wohnung in Mainz, in der Innenstadt.
Sie ist in einem Hochhaus, im zwanzigsten Stock. Echt cool!

Und wo wohnst du?

Hallo Heinz!
Ich wohne hier.
Deine Trish

Erste Hilfe
die Luxus-Wohnung — the luxury apartment
das Hochhaus — the high rise building

2 Gruppenarbeit:

Finde diese Ausdrücke im Cartoon
Find these expressions in the cartoon.
- This is my house.
- This is my flat.
- Where do you live?
- I live here.

3 Schreib was! Wo wohnt Heinz?

Antworte auf Deutsch.
Where does Heinz live? Answer in German.
1 Beschreibe das Haus in Südfrankreich.
2 Beschreibe die Wohnung in Mainz.

Vokabeltipp   **Haus oder Wohnung (1)**

Wohnst du in einem Haus oder in einer Wohnung?	Do you live in a house or in a flat?
Wie sieht dein Haus / deine Wohnung aus?	What does your house / flat look like?
Das ist mein Haus / meine Wohnung.	This is my house / my flat.

Ich wohne in	*einer Wohnung / einem Haus / einem Wohnblock / einem Hochhaus*
I live in	a flat / a house / a block of flats / a tower block

Das Haus / die Wohnung / der Wohnblock / das Hochhaus	*ist*	*ruhig / modern / laut / neu.*
The house / the flat / the block of flats / the tower block	is	quiet / modern / noisy / new.

1

S p r a c h t i p p

Dativ (1)

Ich wohne in ein**em** Wohnblock.

Ich wohne in ein**er** Wohnung.

Sie ist in ein**em** Hochhaus.

These are examples of the **dative case**. The dative endings are:

-em in front of masculine and neuter singular nouns.

-er in front of feminine singular nouns.

-en in front of plural nouns.

2

4   **Lies was! Wer wohnt hier?**

Drei Leute beschreiben ihr Haus.

Three people are describing their homes. Who lives where?

Jan: Ich wohne in einem Wohnblock. Es ist groß und modern und ganz neu.

Frau Knapp: Wir wohnen in einer Wohnung. Sie ist klein und in einem Hochhaus.

Das Hochhaus ist sehr laut.

Herr Braun: Ich wohne in einem Haus. Es ist schön und ruhig.

3

Schreib Sätze!

Write sentences!

Beispiel   *Jan wohnt in einem Wohnblock.*

Frau Knapp _____ .   Herr Braun _____ .

Vokabeltipp   **Im Haus**

Hat dein Haus / deine Wohnung	*einen Garten? / einen Balkon?*
Has your house / flat got	a garden? / a balcony?
Gibt es eine Garage? / Zentralheizung?	Is there a garage / central heating?
Wie viele Etagen hat das Haus?	How many floors / storeys has the house got?
Es hat / es gibt eine Etage / zwei Etagen.	It has one floor / two floors.

Sprachtipp

Es gibt   There is ... / there are ... .

Es gibt zwei Etagen.   *There are two floors.*

Es gibt eine Garage.   *There is a garage.*

When we use **es gibt**, it is followed by the accusative.

e.g. In der Wohnung gibt es einen schönen Balkon.

    There is a beautiful balcony in the flat.

> **Pass auf!**
>
> Remember it is only the masculine words that change:
>
> Es gibt eine Garage. Es gibt ein Haus.
>
> *but*   Es gibt ein**en** klein**en** Garten.

---

5   **Schreib was! Kreuze an: Was hat das Haus?**

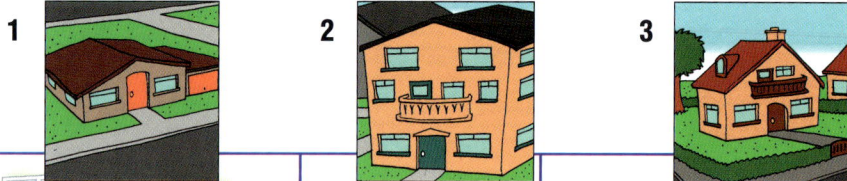

	Garten	Balkon	Garage	eine Etage	zwei Etagen	drei Etagen
1	✗		✗	✗		
2						
3						

---

6   **Sag was! Hat dein Haus ...?**

Stelle Fragen. Welches Haus hat dein Partner?

Partner B chooses one of the houses. Partner A has to guess which house by asking questions.

Beispiel   **A**   Hat dein Haus einen Garten?   **B**   *Ja, es hat einen Garten.*

    A   Wie viele Etagen hat das Haus?   **B**   *Es hat eine Etage.*

Vokabeltipp   Wo ist dein Haus?

Wo ist dein Haus / deine Wohnung?

Where is your house / flat?

Wo wohnst du?

Where do you live?

Ich wohne   **auf dem Land / auf dem Dorf /**

    in der Stadt / in der Stadtmitte /

    am Stadtrand

I live   in the country / in a village /

    in the city / in the centre /

    in the suburbs

---

7   **Schreib was! Wo wohnst du?**

Was passt zusammen?

Find the matching pairs.

A   **B**   **C**   **D**

1 auf dem Land   **2** in der Stadt   **3** am Stadtrand   **4** auf dem Dorf

Vokabeltipp — Haus oder Wohnung

Ich wohne in	I live in
einer ruhigen Wohnung	a quiet flat
einem modernen Haus	a modern house
einem neuen Wohnblock	a new block of flats
einem lauten Hochhaus	a noisy tower block

Sprachtipp

Dativ (2): Adjectives in the dative case

Ich wohne in ein**em** neu**en** Wohnblock.
Ich wohne in ein**er** ruhig**en** Wohnung.
Sie ist in ein**em** laut**en** Hochhaus.

You can see that in the above sentences the adjectives in front of the nouns all have the ending **-en**. This is because they are in the dative case.

1

Frau Pötters:
Ich wohne in einer ruhigen Wohnung. Die Wohnung ist in einem alten Wohnblock.

8 **Lies was! Wer wohnt hier?**

Fünf Leute beschreiben ihr Haus. Schreib die Namen.
Five people describe their homes. Write down the names.

2
Justus:
Meine Familie wohnt in einem ganz neuen Haus. Es ist groß und modern.

3
Emma:
Wir wohnen in einer kleinen Wohnung. Sie ist in einem lauten Hochhaus. Da gibt es viele Kinder.

4
Herr Kazim:
Ich wohne in einem schönen, alten Haus. Leider ist es etwas klein.

5
Frau Hoppe:
Ich habe leider nur eine Wohnung in einem ziemlich hässlichen, modernen Haus. Aber bald ziehe ich um!

A *Hier wohnt ...*

Hier wohnt Frau Hoppe.

B

C

Hier ...

D *Hier ...*

E *Hier ...*

9 **Sag was! Beschreib ein Haus**

Wähle ein Bild von Übung 8. Wähle Wörter aus der Vokabelkiste. Mache Sätze.
Choose one of the pictures from Exercise 8. Choose words from the box. Make sentences.

Beispiel **A** *Ich wohne in einem Wohnblock. Das Haus ist groß, alt und hässlich.*
oder: **A** *Ich wohne in einem großen, alten, hässlichen Wohnblock.*

Wohnung	Haus	Hochhaus	Wohnblock	groß	klein
alt	neu	modern	schön	hässlich	ruhig	laut

10   Hör zu! Wo wohnen sie?

Wo wohnen diese Leute? Füll die Lücken aus.
Where do these people live? Fill the gaps.

Yasemin wohnt in einem neuen
(**a**) _____ Haus. Das Haus hat einen
(**b**) _____ und eine (**c**) _____ .
Es ist am (**d**) _____ .

Matthias wohnt auf dem (**i**) _____ .
Sein Haus ist (**j**) _____ und
gemütlich. Es gibt einen (**k**) _____ .
Es ist sehr (**l**) _____ .

Laura wohnt in der (**e**) _____ .
Sie wohnt in einer (**f**) _____ .
Die Wohnung ist in einem
hässlichen (**g**) _____ . Es ist dort
sehr (**h**) _____ .

Pierre wohnt in einem (**m**) _____
in Frankreich. Er wohnt in einer
kleinen Wohnung in einem sehr
alten (**n**) _____ . Das Haus hat drei
(**o**) _____ .

> Stadtmitte   alt   Haus   Etagen   Land   modernen   Hochhaus   Garage
> Dorf   laut   Wohnung   Garten   Stadtrand   ruhig   Balkon

Sprachtipp

Dativ (3)

Wohnst du in **dem** Wohnblock?   Ich wohne auf **dem** Land.
Meine Oma wohnt in **der** Stadt.   Wir wohnen in **den** Häusern am Marktplatz.*
* In the dative plural we add **-n** or **-en** to the plural of the noun unless it already ends in **-s** or **-n**.

Notice that the words for "the" also use the same dative endings:
dem   in front of masculine and neuter singular nouns
der   in front of feminine nouns
den   in front of plural nouns

Übung: dem, der, oder den? Füll die Lücken aus!

1   Ich wohne auf d__ Land.
2   Petra wohnt in d__ Stadt.
3   Wir wohnen auf d__ Dorf.
4   In d__ Haus wohnt Anna.

5   Wer wohnt in d__ Wohnung?
6   Sie wohnen in d__ Häusern in der Dorfstraße.
7   In d__ Wohnblock wohnt meine Tante.
8   Meine Eltern wohnen auf d__ Land.

11 Lies den Cartoon und hör zu! Der Umzug

Florian und Anna haben eine neue Wohnung. Sie ziehen um. Matthias, Heinz und David helfen.

Wo ist eure Wohnung?

Oben, im dritten Stock. Der Schrank ist für das Schlafzimmer. Der Tisch ist für die Küche.

Vorne, rechts.

Wo ist die Küche?

Hier, David. Die Stühle sind für Annas Zimmer.

Alles klar? Ist das Annas Bett?

Nein, das ist mein Bett. Die Stühle gehören Anna.

Deine Möbel sind alle oben in der Wohnung, Anna!

Tschüs! Vielen Dank, Jungs!

Und meine Möbel ... ???!!

Erste Hilfe

sie ziehen um	they are moving
helfen	to help
gehören	belong to

Kulturtipp Wohnen in Deutschland

Here are some typical houses from German-speaking countries. Here are some things which are different:

- It is much more common to rent than to buy.
- Many people live in flats.
- Most houses have a cellar which is often used as a utility area (der Waschkeller) or as a party room (der Partykeller).
- Winters are quite cold, so most homes have central heating, insulation and double glazing.
- Most German houses have tiles, vinyl or other easy to clean surfaces.

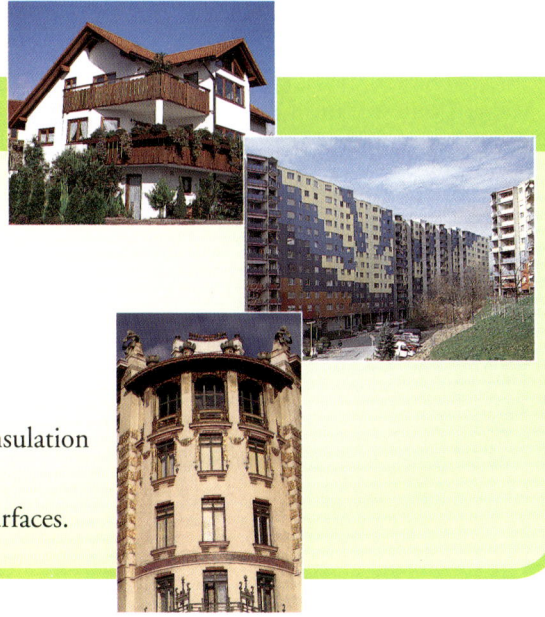

Vokabeltipp Die Zimmer im Haus

Was für Zimmer gibt es im Erdgeschoss?		What rooms are there on the ground floor?	
Wo ist dein Zimmer?		Where is your room?	
Mein Zimmer ist	*im Erdgeschoss*	My room is on the ground floor	
	im ersten Stock / in der ersten Etage	on the first floor	
	unter dem Dach	in the attic (lit. under the roof)	

das Bad / das Badezimmer	the bathroom	*das Büro*	the study
das Esszimmer	the dining room	*der Flur*	the hall
das Gästezimmer	the guestroom	*der Keller*	the cellar
die Küche	the kitchen	*das Schlafzimmer*	the bedroom
die Toilette	the toilet	*die Treppe*	the staircase
das Wohnzimmer	the living room / lounge	*mein Zimmer*	my room

12 Hör zu! Wo sind ihre Zimmer?

Schreibe den Namen in die richtige Etage: Mohammed, Laila oder Yussuf.

Where are their rooms? Write the names on the correct floors: Mohammed, Laila or Yussuf.

S p r a c h t i p p

Dativ (4): Adjectives in the dative case

Adjectives in front of the nouns all have the same ending: **-en**. This is because they are in the dative case.

Wohnt er in **dem** schön**en** Wohnblock?
Meine Tante wohnt in **der** groß**en** Stadt.
Ich wohne in **dem** modern**en** Hochhaus.
Sie wohnen in **den** hässlich**en** Häuser**n*** am Marktplatz.

*In the dative plural we add **-n** or **-en** to the plural of the noun unless it already ends in **-s** or **-n**.

Übung: dem, der, oder den? Füll die Lücken aus!

1 Anja wohnt in d__ klein__ Stadt.
2 Wer wohnt in d__ schön__ Wohnung?
3 Sie wohnen in d__ klein__ Häusern in der Dorfstraße.
4 In d__ modern__ Wohnblock wohnt meine Schwester.
5 Meine Eltern wohnen in d__ alt__ Haus.

Pass auf!

Familie Nadini wohnt **im ersten** Stock

im = in dem   so this is also the dative case.

You will learn more about **im** later on in this chapter!

3. Stock — Maria Glaser
3. Stock — Herr G. Anatoli
2. Stock — Fam. Ergül
2. Stock — Peter Pauli/Ursula Nord
1. Stock — Fam. Nadini
1. Stock — Fam. Lehrer
Erdgeschoss — Fam. Meier
Erdgeschoss — Markus Schuster

13 **Schreib was! Sag was! Wo wohnen die Familien?**

Beispiel *Familie Meier wohnt im Erdgeschoss.*

14 **Schreib was! Zimmer im Haus**

Sieh dir den Plan an. Richtig oder falsch? Korrigiere die falschen Sätze.

Look at the plan. Read the sentences. True or false? Correct the false sentences.

Beispiel Das Büro ist im Erdgeschoss. *F Das Büro ist im Keller.*

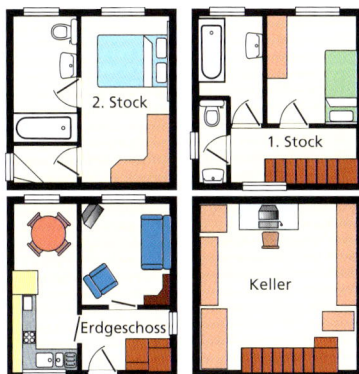

2. Stock
1. Stock
Keller
Erdgeschoss

1 Die Küche ist im Keller.

2 Das Esszimmer ist im Erdgeschoss.

3 Die Toilette ist im Erdgeschoss.

4 Das Wohnzimmer ist im ersten Stock.

5 Die Schlafzimmer sind im ersten und zweiten Stock.

6 Es gibt ein Badezimmer im Keller.

7 Es gibt ein Badezimmer im ersten Stock.

8 Es gibt ein Schlafzimmer im Keller.

15 **Sag was! Was für Zimmer gibt es?**

Spiele mit einem Partner. Dein Partner stellt die Fragen.

Play with a partner. Your partner asks the questions.

1 Beschreibe das Haus oben.

Describe the house above.

2 Beschreibe dein Zuhause.

Describe your home.

Beispiel **A** *Was für Zimmer gibt es im Keller?* **B** *Im Keller gibt es ein Büro.*

Vokabeltipp **Wo ist das Zimmer?**

Das Zimmer ist **rechts / links / ganz rechts / oben / unten / geradeaus / in der Mitte / vorne / hinten**

on the right / left / on the far right / at the top / at the bottom / straight on / in the middle / at the front / at the back

---

S p r a c h t i p p

Adjectives standing alone

Sometimes adjectives are used without **der / die / das** or **ein / eine / ein**. In this case they take the endings the article would have taken if it had been there! This table should help you.

	Masc.	Fem.	Neut.	Plural
Nominative	schön**er** Garten	klein**e** Garage	groß**es** Haus	modern**e** Häuser
Accusative	schön**en** Garten	klein**e** Garage	groß**es** Haus	modern**e** Häuser
Dative	schön**em** Garten	klein**er** Garage	groß**em** Haus	modern**en** Häuser**n**

16   Hör zu! Unser Haus

Hier ist der Plan von Achims Haus. Wo sind die Zimmer? Schreib die Zahlen.
Look at Achim's house and listen. Where are the rooms? Write the numbers.

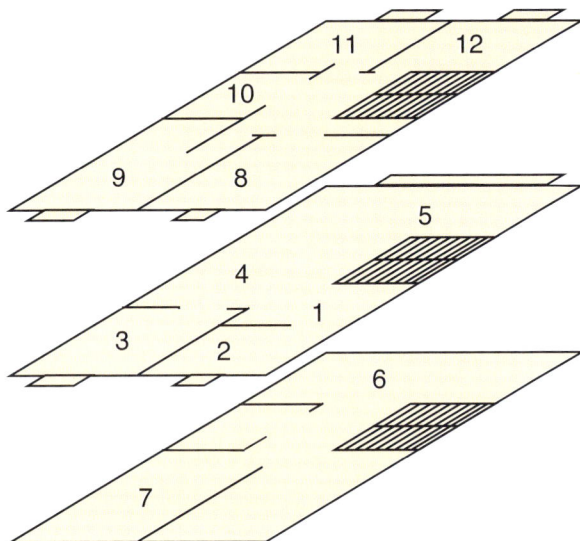

Flur	*1*
Toilette	
Esszimmer	
Küche	
Wohnzimmer	
Achims Zimmer	
Karlos Zimmer	
Elternschlafzimmer	
Badezimmer	
Büro	
Keller	
Garage	

17   Schreib was! Mein Haus

Mach einen Plan von deinem Haus / deiner Wohnung und beschrifte die Räume.
Draw a plan of your house / flat and label all the rooms.

18   Lies was! Zu vermieten

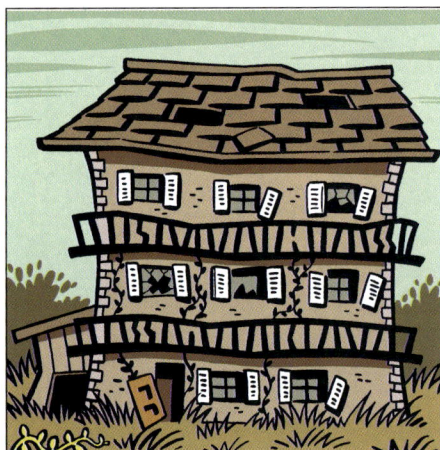

Was ist falsch und was ist richtig?
Schreibe R oder F.

Compare the advert with the picture.

1   Das Haus ist groß.   ☐
2   Das Haus ist modern.   ☐
3   Das Haus hat 3 Etagen.   ☐
4   Der Garten ist schön.   ☐
5   Es gibt eine Garage.   ☐
6   Es gibt einen Balkon.   ☐
7   Es ist ruhig.   ☐

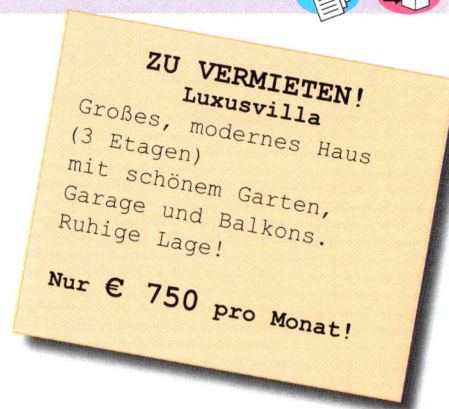

ZU VERMIETEN!
Luxusvilla
Großes, modernes Haus
(3 Etagen)
mit schönem Garten,
Garage und Balkons.
Ruhige Lage!

Nur € 750 pro Monat!

19   Schreib was! Beschreib das Haus jetzt richtig!

Now describe the house correctly.

Beispiel *Das Haus ist groß und alt ...*

20　**Hör zu und sing mit: Der Wohn-Rap**

1 Wo wohnst du?
Sag mir, wo wohnst du?
Wo wohnst du?
Sag mir, wo wohnst du?

Ich wohne in einem Haus.
Das Haus ist auf dem Land.
Es ist groß und alt,
hat einen Garten und Balkon.

2 Wo ist dein Zimmer?
Sag mir, wo ist dein Zimmer?
Wo ist dein Zimmer?
Sag mir, wo ist dein Zimmer?

Mein Zimmer ist im dritten Stock,
im dritten Stock, im dritten Stock.
Mein Zimmer ist im dritten Stock,
oben unterm Dach.

3 Wo wohnst du?
Sag mir, wo wohnst du?
Wo wohnst du?
Sag mir, wo wohnst du?

Ich wohne in einer Wohnung,
Sie ist in der Innenstadt.
Das Haus ist neu und laut.
Aber meine Freunde wohnen da!

4 Wo ist dein Zimmer?
Sag mir, wo ist dein Zimmer?
Wo ist dein Zimmer?
Sag mir, wo ist dein Zimmer?

Mein Zimmer ist im Erdgeschoss,
im Erdgeschoss, im Erdgeschoss.
Mein Zimmer ist im Erdgeschoss,
unten im Erdgeschoss!

Erste Hilfe
unterm = unter dem

21　**Schreib was! Wie wohnen Sie?**

Hör dir das Lied an.
Schreib die Wörter in eine Tabelle.
Listen to the song.
Where do the boy and the girl live?
Write the words into a table.

Mädchen	Junge

Haus / Wohnung　　　in der Innenstadt / auf dem Land
groß / laut / neu / alt　　　Garten / Freunde / Balkon
Zimmer im　Erdgeschoss / im dritten Stock / unter dem Dach / unten

22　**Gruppenarbeit: Mach selber einen Wohn-Rap**

Schreibe neue Strophen für den Wohn-Rap. Wo wohnst du? Wo ist dein Zimmer?
Write new verses for the rap. Where do you live? Where is your room?

23 **Hör zu und sing mit: Mein Haus – dein Haus**

1

Ich bau mir ein Haus,
das steht mitten in der Stadt.
Es hat 'nen Fußballplatz im Garten
und 'nen Swimmingpool im Bad.

Refrain 1:
Dein Haus, dein Haus,
wie sieht dein Haus aus?

2

Mein Zimmer ist ganz oben,
ganz oben unterm Dach.
Dort spiele ich Gitarre
und mache ganz viel Krach.

3

Ich bau dir ein Haus,
das steht weit weg auf dem Land.
Ein Pferd steht da auf dem Balkon.
Es gibt Blumen an der Wand.

Refrain 2:
Mein Haus, mein Haus,
so sieht mein Haus aus?

4

Dein Zimmer ist im Erdgeschoss
und es ist violett.
Da gibt es 20 Katzen
und ein Himmelbett.

Erste Hilfe

ich bau mir / dir	I build for myself / for you	*ich mache Krach*	I'm noisy
der Fußballplatz	the football pitch	*weit weg*	far away
ich spiele Gitarre	I play the guitar	*Blumen*	flowers
		ein Himmelbett	a four poster bed

Pferd
Zimmer im Erdgeschoss
in der Stadt
Himmelbett
Zimmer unter dem Dach
Blumen
violettes Zimmer
Fußballplatz
Balkon
lautes Zimmer
Katzen
Swimmingpool
auf dem Land

24 **Was passt zum ersten Haus / zum zweiten Haus?**

Fülle die Tabelle aus.
What goes with the first house and what with the second one?
Complete the table.

Haus 1	Haus 2
in der Stadt	

25 **Mal ein Bild von den Häusern im Lied**

Draw a picture of the houses in the song.

w w w .

Häuser und Wohnungen
Advertisements for flats and houses to buy and rent in Germany:
● w w w . w o h n a n z e i g e r . d e
● w w w . h o m e c o m p a n y . d e
● w w w . m w z . d e

Einheit B Mein Zimmer

Mein Zimmer

Lernziele

In Unit 5 B you will learn how to
- describe your bedroom
- describe furniture
- give opinions about rooms and furniture

---

1 **Schreib was! Florians Möbel** 😊😊😊 ✏️

Finde die Möbel! Mache eine deutsch-englische Vokabelliste.
Look at the Vokabeltipp and at the pictures. Note down the new vocabulary.

Beispiel **1** *der Fernseher* television set **2** *der Kleiderschrank* wardrobe

In meinem Zimmer gibt es …

Vokabeltipp

einen
1 Fernseher
2 Kleiderschrank
3 Schrank
4 Schreibtisch
5 Sessel
6 Tisch
7 Stuhl
8 Teppich
9 CD-Spieler
10 Computer
11 Videorecorder

eine
12 Lampe
13 Tür
14 Wand

ein
15 Bett
16 Bild
17 Fenster
18 Poster
19 Regal
20 Sofa

---

2 **Sag was! Was gibt es in Florians Zimmer? Mach Sätze.** 😊😊 💬

What is in Florian's room? Make sentences.

Beispiel Freund Was für Möbel gibt es in deinem Zimmer, Florian?
Florian *In meinem Zimmer gibt es einen Kleiderschrank.*

3 Hör zu! Heinz' Möbel

Was für Möbel gibt es in Heinz' Zimmer? Schreib die Zahlen in dein Heft.

What's in Heinz' room? Write the numbers in your exercise book.

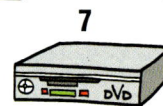

S p r a c h t i p p

Was für?

Was für means "What sort of?" and is followed by the accusative.

Was für Möbel gibt es in deinem Zimmer?

Was für einen Computer gibt es in deinem Zimmer?

Dativ (5)

From the following sentences you can see that possessive adjectives use the same pattern of endings in the dative as **ein / eine / ein**.

Florian wohnt in dein**em** Wohnblock. / In mein**em** Dorf gibt es eine Kirche.

Wir haben einen neuen Fernseher in unser**er** Wohnung.

Übung: -em oder -er? Füll die Lücken aus!

1 Was für Möbel gibt es in dein__ Zimmer?

2 In mein__ Haus gibt es drei Schlafzimmer.

3 In unser__ Wohnung wohnen meine Eltern und ich.

4 In mein__ Dorf gibt es keine Schule.

5 In mein__ Stadt wohnen viele Leute.

6 Es gibt sechs Wohungen in unser__ Wohnblock.

7 Wie viele Etagen gibt es in dein__ Hochhaus?

8 Was für Zimmer gibt es in eur__ Wohnung?

Stuhl	Tür
Tisch	Bett
Computer	Sofa
Lampe	Regal
Bild	Sessel
Wand	Schrank

Wörterbuch

Finde den Plural

Find the plural forms of the words in the box. Then write them out with their gender and their plural.

Beispiel *der Schrank (⁼e)*

---

4 Schreib was! Was gibt es in deinem Traumzimmer?

Mach ein Bild von deinem Traumzimmer und beschreib es.

Draw a picture of your dream room and describe it.

Beispiel *In meinem Traumzimmer gibt es ein Sofa.*

Vokabeltipp — Möbel beschreiben

| Wie sieht | dein Stuhl / deine Lampe / dein Sofa | aus? |

Wie sehen deine Möbel aus?

Er ist	groß / klein / schön / hässlich / modern	large / small / pretty / ugly / modern
Sie ist	/ alt / neu / gemütlich / ungemütlich	/ old / new / comfortable / uncomfortable
Es ist		
Sie sind		

Die Farben

Welche Farbe hat / haben … + Akkusativ?   What colour is / are … ?

| schwarz | grün | weiß | orange | braun | violett / lila |
| rot | rosa | blau | hellblau | gelb | grau |

Sprachtipp

Er, sie, es, sie

Remember that **er** / **sie** / **es** all can mean "it".
You have to refer to **der** words as **er**; **die** words as **sie**;
and **das** words as **es**.

Wie sieht **der Schrank** aus? **Er** ist groß.
Wie sieht **die Wand** aus? **Sie** ist hellblau.
Wie sieht **das Sofa** aus? **Es** ist rot.

The plural is a little easier: you can use **sie** for
all genders!
Wie sehen **die Wände** aus? **Sie** sind blau.

5   Schreib was! Ein Möbelkatalog

Anna sieht Möbel in einem Katalog. Wie sehen die Möbel
aus? Mache eine Liste.
*Anna is looking at some furniture in a catalogue. What does
it look like? Make a list.*

Beispiel   der Schrank: *groß, alt, hässlich, braun*

6   Sag was! Anna und die Möbel

Anna telefoniert mit Florian. Sie beschreibt die Möbel.
Spiele mit einem Partner.
*Anna phones Florian. She describes the furniture. Play with
a partner.*

Beispiel   Florian: Wie sieht *der Schrank* aus?
            Anna: *Er ist groß* und *alt*.

7 Hör zu! Der Sessel (1)

Finde das richtige Wort.

1 Anna hat einen Sessel. Florian findet den Sessel gut. Der Sessel ist alt, blau und …
  a gemütlich
  b modern
  c kaputt

2 Florian hat einen neuen grünen Sessel. Anna findet den Sessel nicht gut. Der Sessel ist …
  a zu hässlich
  b zu groß
  c zu modern

3 Florian und Anna gefällt ein Sessel. Er ist rot, modern und …
  a groß
  b bequem
  c alt

8 Hör zu! Der Sessel (2)

Welcher Sessel gefällt Anna und Florian?

1  **2**  **3**  **4**

9 Lies den Cartoon und hör zu! Florians Sofa

> Dein Zimmer ist hell und modern.
> Danke.
> Aber dein Sofa ist alt und hässlich!
> Hoppla! Jetzt ist dein Sofa dreckig!
> Schau mal! Das Sofa ist schön und modern. Und gar nicht teuer.
> Ich weiß nicht …
> Anna gefällt rot gut!
> Hmmmm …
> Kann ich dann dein altes Sofa haben?! Für den Partykeller?

Erste Hilfe

Hoppla!	Oops!
Schau mal!	Look!
gar nicht teuer	not at all expensive
Kann ich … haben?	Can I have … ?
der Partykeller	party cellar

Lerntipp — Dingsbums

If German-speaking people can't think of the right word to describe something, they sometimes say
Das da! (That thing there!) or **Sowas!** (Something like that!).
They can also say **ein Dingsbums** (a what-do-you-call-it).

Hoppla!

If you have a little accident you can say:

Hoppla!   means "Ooops!"
Aua! or **Au!** means "Ouch!"

---

10 **Schreib was! Richtig oder falsch?**

True or false?

1 Florians Sofa ist modern. ☐
2 Das moderne Sofa im Katalog ist schön und gar nicht teuer. ☐
3 Anna gefällt gelb. ☐
4 Heinz will das alte Sofa haben. ☐

Vokabeltipp — Richtungen

Wo ist	der Tisch?	Where is / are …
	die Lampe?	
	das Bild?	
Wo sind	die Fenster?	

Das Bild ist	rechts / links	on the right / left
	ganz rechts	on the far right
	oben / unten	at the top / at the bottom
	geradeaus	straight on

Er steht	über / unter	dem Bild (m.)	above / below…
Sie ist	neben	der Lampe (f.)	next to …
Es ist	in	dem Zimmer (n.)	in …
Sie stehen	vor / hinter	den Stühlen (pl.)	in front / behind …
	zwischen		between …
	an / auf		at / on …

e.g. Das Sofa ist neben dem Schrank. (Dativ!)

Sprachtipp

Präpositionen mit dem Dativ.

Prepositions are short words which normally tell us where things or people are.
an (*at*), **auf** (*on*), **hinter** (*behind*), **in** (*in*), **mit** (*with*), **nach** (*after*), **neben** (*next to*), **über** (*over*), **unter** (*under*), **von** (*from*), **vor** (*in front*), **zu** (*to*) and **zwischen** (*between*) are all prepositions and the nouns and pronouns that follow them are in the **dative** case.

e.g. Der Tisch steht **neben der** Tür.
Sie ist **unter dem** Fenster.
Heinz sitzt **zwischen den** Lampen.
Die Kinder spielen **in dem** Garten.

Sometimes the preposition and the word following join together to form one word:

e.g. Ich sitze **im** Garten.   **im = in dem**
Das Haus liegt **am** Stadtrand.   **am = an dem**
Pia geht **zur** Schule.   **zur = zu der**
Sie gehen **zum** Bahnhof.   **zum = zu dem**

Übung: Füll die Lücken aus!

1 Ich habe einen Plan von mei__ Wohnung.
2 Wir wohnen auf d__ Land.
3 Sie wohnt in ei__ Haus in Bremen.
4 Heinz spielt mit d__ Band.
5 Mein Zimmer ist unter d__ Dach.
6 Das Badezimmer ist zwischen d__ Schlafzimmern.
7 Die Wohnung liegt a__ Stadtrand.
8 Das Hochhaus steht i__ Stadtzentrum.

---

11 **Hör zu! Pia hat ihre Schultasche vergessen**

Pia ruft zu Hause an. Sie beschreibt, wo ihre Tasche ist. Beantworte die Fragen auf Deutsch.

Pia calls home. She has forgotten her school bag and is describing where it is. Answer the questions in German.

Beispiel **1** Was ist links an der Wand? *der Stuhl*

1 Wo sind Pias Klamotten?

2 Wo sind Pias Schuhe?

3 Was ist auf dem Schrank?

4 Wo ist der Squashschläger?

5 Was ist unter dem Bett?

6 Wo ist die Gitarre?

Erste Hilfe

suchen	to look for
das Chaos	the chaos
die Klamotten	clothes (colloquial)
der Müll	the rubbish

12   **Lies was! Julias Zimmer**

Hallo!

Wie geht's? Du fragst, wie mein Zimmer aussieht. Es ist hell und gemütlich, aber nicht sehr groß. Ich habe dir einen Plan gemacht:

Rechts sind zwei Fenster. Unter einem Fenster steht mein Schreibtisch. Mein PC steht auf dem Schreibtisch. Rechts neben dem Schreibtisch ist mein Aquarium mit meinen zwei Goldfischen, Smiley und Zorro. Mein Bett ist links an der Wand. Geradeaus an der Wand steht mein Kleiderschrank, also links hinten. Rechts neben dem Kleiderschrank ist noch ein Regal. Aber da sind fast keine Bücher drin, nur CDs. Und auf dem Regal steht natürlich mein geliebter CD-Spieler.

Wie sieht dein Zimmer aus?

Deine Julia

> **Erste Hilfe**
> **ein Aquarium**   an aquarium
> **fast keine**   almost no

A   Julia beschreibt ihr Zimmer. Schreibe die richtigen Zahlen auf.
Julia describes her room. Write the correct numbers into your exercise book.

1   der Schreibtisch   *4*
2   das Aquarium   ☐
3   das Bett   ☐
4   der Kleiderschrank   ☐
5   das Regal   ☐

B   Beantworte die Fragen auf Englisch.
Answer the questions in English

1   What is above the desk?
2   What pets does Julia have?
3   How many books are on the shelf?
4   What is on top of the shelf?

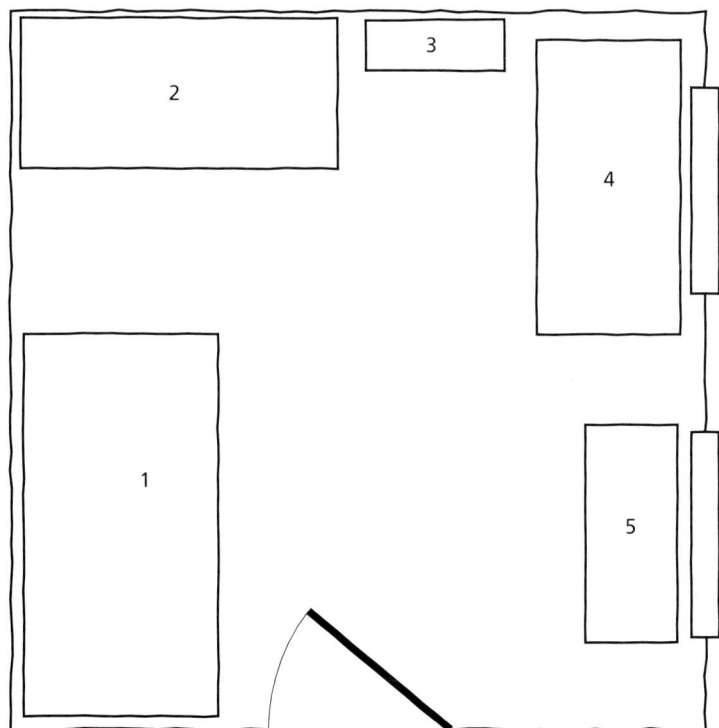

13   **Schreib was!**

Wie sieht dein Zimmer aus? Beantworte Julias Brief.
What does your room look like? Answer Julia's letter.

14   **Lied: So richtig nett ist's nur im Bett**

Hör zu und sing mit!

Zuhaus' gibt's viele Möbel:
ein Sofa und 'ne Bank.
Ich hab auch einen Schreibtisch,
vier Stühle und 'nen Schrank.

Doch …
So richtig nett
ist's nur im Bett!
Den ganzen Tag
in meinem Bett.

Mein Bett ist urgemütlich.
Mein Bett ist riesengroß.
Mein Bett ist ruhig und friedlich.
Ich find es ganz famos!

Denn …
So richtig nett
ist's nur im Bett!
Den ganzen Tag
in meinem Bett.

Vorne ist das Video,
oben das TV.
Rechts ist der Computer.
Das Radio ist blau.

Ja …
(2x)
So richtig nett
ist's nur im Bett!
Den ganzen Tag
in meinem Bett.

Erste Hilfe

eine Bank	a bench
den ganzen Tag	all day long
friedlich	peaceful
das TV	television
urgemütlich	extremely cosy
riesengroß	massive

15   **Hör zu und beantworte die Fragen**

Listen to the song again and answer the questions in German.

1   Was für Möbel sind zu Hause? (mindestens 3)

2   Wie ist das Bett? Kreuze an:

  a   gemütlich / ungemütlich   ☐

  b   klein / groß   ☐

  c   ruhig / laut   ☐

3   Was ist vorne?

  Was ist oben?

  Was ist rechts?

  Was ist blau?

4   Wie findest du dein Bett?

www.   **Möbel**

Find some furniture for your dream room. What do you like?
● www.rolfbenz.de
● www.ikea.de

2 **Schreib was! David, der Popstar (1)**

Was macht David der Popstar? Ordne die Sätze.
What does David the popstar do? Put the sentences in chronological order.

> Ich höre Musik.
> Ich wache auf.
> Ich stehe auf.
> Ich fahre ins Studio.
> Ich sehe fern.
> Ich trinke Tee.
> Ich esse Frühstück.
> Ich bade.
> Ich ziehe meine Klamotten an.

Vokabeltipp Was machst du?

Ich wache auf.	I wake up.
Ich stehe auf.	I get up.
Ich ziehe meine Sachen an.	I put on my clothes.
Ich esse (mein) Frühstück / Mittagessen / Abendessen.	I eat my breakfast / lunch / dinner.
Ich gehe zur Schule.	I go to school.
Ich lerne Deutsch.	I learn German.
Ich fahre nach Hause.	I drive home.
Ich mache Hausaufgaben.	I do my homework.
Ich höre Musik.	I listen to some music.
Ich sehe fern.	I watch television.
Ich gehe ins Bett.	I go to bed.
Ich schlafe.	I sleep.

S p r a c h t i p p

Schwache Verben (weak verbs)

Most verbs follow the same pattern of endings in the present tense.
We have already used some:

e.g. **wohnen** – to live

ich wohn**e**	wir wohn**en**
du wohn**st**	ihr wohn**t**
er / sie / es wohn**t**	Sie / sie wohn**en**

The endings highlighted are simply added to the stem of the weak verb. Once you know one weak verb you know them all!

Verbs whose infinitives end in **-ten** or **-den** and a few others (e.g. **trocknen**), put an extra **-e-** before the **-t** and **-st** endings to make them easier to pronounce:
e.g. Er arbeit**e**t. Du find**e**st das komisch.

Sprachtipp

Starke Verben (strong verbs)

Strong verbs are different from weak verbs. They are irregular and have to be learned separately.

We have already met **haben** (to have), **sein** (to be) and **sehen** (to see).

Some verbs add an umlaut to the **a** after **du** and **er / sie / es**:

e.g.   **fahren**   du fährst   er / sie / es fährt

       schlafen   du schläfst   er / sie / es schläft

Another group changes to **i** or **ie** after **du** and **er / sie / es**:

e.g.   **sehen**   du siehst   er / sie / es sieht

       essen   du isst   er / sie / es isst

Others, like **haben** and **sein**, are so different that you need to learn them separately. You will find them listed in the verb table at the back of the book.

3   **Schreib was!**

Schreib die richtige Form des Verbs auf.

> **Beispiel**   David *wohnt* jetzt in Deutschland.

1   **wohnen**

David _____ jetzt in Deutschland.

Ich _____ in der Nähe von London.

Wo _____ du?

2   **arbeiten**

Mein Vater _____ in einem Büro.

Wir _____ in den Sommerferien

3   **haben**

Er _____ keine Geschwister.

Sie (she) _____ einen Hund.

4   **sein**

Ich _____ ein Popstar.

Ihr _____ im Wohnzimmer.

5   **fahren**

Meine Eltern _____ nach Hause.

Wie _____ du dahin?

6   **essen**

Was _____ du gern?

Wir _____ Frühstück.

4   **Schreib was! Was machst du, Beate?**

Was sagt Beate? Schreib die Sätze auf.

What is Beate saying in the pictures? Write down the sentences.

> **Beispiel**   **1** *Ich stehe auf.*

5　**Sag was! Beates Tag**

Arbeite mit einem Partner. Du bist Beate.

Beispiel
1　Dein Partner fragt: *Was machst du?*
2　Du sagst: *Ich gehe zur Schule.*
3　Dein Partner zeigt auf das richtige Bild. *(Bild 2)*
4　Tauscht die Rollen.

S p r a c h t i p p

Trennbare Verben (separable verbs)

Some verbs have two parts – the verb and a prefix which is normally added to the beginning:

aufwachen	*to wake **up***
aufstehen	*to get **up***
fernsehen	*to watch television*
anziehen	*to put **on***
ausziehen	*to take **off***

You can see that quite often they are two-part verbs in English too.

When you use a **separable** verb in a sentence, the prefix separates from the verb and **goes to the end**:

e.g.　David **steht** um 7 Uhr **auf**.

Sie **sieht** im Wohnzimmer **fern**.

Ich **ziehe** meine Jacke **an**.

6　**Schreib was!**

Put the separable verb into the correct form and in the correct position in each sentence.

1　Beate _____ um halb sieben _____ .　　　　　　　(aufwachen)
2　Ich _____ schnell _____ .　　　　　　　　　　　(aufstehen)
3　Nach dem Frühstück _____ sie eine halbe Stunde _____ .　(fernsehen)
4　David _____ seine neue Jacke _____ .　　　　　　(anziehen)
5　Ich _____ meinen alten Mantel _____ .　　　　　　(ausziehen)

Kulturtipp　Der Schultag

Most schools in Germany finish at lunchtime and pupils go home for their lunch. The afternoon is for doing homework and relaxing, but homework can take several hours, so it's not all fun!

7 **Hör zu! Rennfahrer Rudi Raser: Mein Morgen**

Welches Bild passt zu welcher Uhrzeit?
Racing driver Rudi Raser: which picture matches which time?
You need one picture twice.

Beispiel   4 Uhr   *Bild 5*

4.30 Uhr	5 Uhr	von 6 Uhr bis 9 Uhr
9 Uhr	von 9.30 bis 12 Uhr	12.30 Uhr

1   **2**   **3**   **4**   **5**   **6**   **7**

8 **Schreib was! David, der Popstar (2)**

Sieh dir den Cartoon „Ein toller Morgen" noch mal an. Was macht David, der Popstar, um diese Zeit? Schreib Sätze.
What does David the popstar do at these times? Write full sentences.

Beispiel   11 Uhr   *Ich wache um 11 Uhr auf.*

1   11 Uhr
2   12 Uhr
3   14 Uhr

9 **Lies was! Didi Disko (1)**

Didi Disko

Didi Disko ist DJ. Sein Tag ist etwas anders: Didi schläft bis 14 Uhr. Dann steht er auf. Er frühstückt und sieht fern.
Um 18 Uhr fährt Didi zur Arbeit. Er arbeitet in der Disko „Old Daddy". Er macht da Musik.

Didi macht um 21 Uhr Pause. Er isst sein Abendessen. Dann arbeitet er bis 3 Uhr. Didi geht um 4 Uhr nachts nach Hause. Um 5 Uhr ist Didi wieder zu Hause. Er isst und geht dann ins Bett. Um 6 Uhr morgens schläft Didi endlich. Schlaf gut, Didi!

Richtig (R) oder falsch (F)?

1 Didi steht um 14 Uhr auf.
2 Didi geht um 8 Uhr zur Schule.
3 Didi arbeitet als DJ.
4 Didis Arbeit beginnt um 6 Uhr abends.

5 Didi macht um 3 Uhr Pause.
6 Didi geht um 5 Uhr nach Hause.
7 Didi isst sein Abendessen zu Hause.
8 Didi schläft um 4 Uhr.

10 Didis Kalender

Trag die Sätze in den Kalender ein.

- Didi steht auf.
- Didi ist zu Hause.
- Didi fährt zur Arbeit.
- Didi arbeitet.
- Didi arbeitet.
- Didi frühstückt.
- Didi macht Musik.
- Didi sieht fern.
- Didi geht ins Bett.
- Didi macht Pause.
- Didi geht nach Hause.
- Didi schläft.
- Didi schläft.
- Didi isst.
- Didi isst sein Abendessen.

Freitag	Samstag
	3 Uhr
	4 Uhr
	5 Uhr
	6 Uhr
14 Uhr	
18 Uhr	
21 Uhr	
22 Uhr	

11 Sag was! Didi Disko (2)

Arbeite mit einem Partner. Mach ein Interview mit Didi Disko.

Beispiel
Reporter: Was machst du *um 14 Uhr*, Didi?
Didi: *Ich stehe um 14 Uhr auf.*

Vokabeltipp **Der Arbeitstag**

Er / sie fährt zur Arbeit.	He / she drives to work.
Er / sie arbeitet.	He / she works.
Er / sie geht nach Hause.	He / she goes home.

Vokabeltipp **Reflexive Verben**

sich waschen	to wash (oneself)
sich duschen	to shower
sich abtrocknen	to dry (oneself)
sich rasieren	to shave
sich kämmen	to comb
sich fönen	to blow dry
sich schminken	to put on make up
sich anziehen	to dress oneself
sich ausziehen	to undress oneself
sich umziehen	to get changed

S p r a c h t i p p

Reflexive Verben

Reflexive verbs refer to actions which "reflect" back onto the subject of the verb – ie. the person doing the action of the verb does something to himself / herself / itself:

e.g.   Ich rasiere **mich**   *I get shaved (I shave **myself**)*

Here is an example of a reflexive verb

sich waschen	*to get washed (to wash oneself)*	wir waschen **uns**	*we get washed / wash **ourselves***
ich wasche **mich**	*I get washed / I wash **myself***	ihr wascht **euch**	*you get washed / wash **yourselves***
du wäschst **dich**	*you get washed / wash **yourself***	Sie waschen **sich**	*you get washed / wash **yourself** / **yourselves***
er wäscht **sich**	*he gets washed / washes **himself***		
sie wäscht **sich**	*she gets washed / washes **herself***	sie waschen **sich**	*they get washed / wash **themselves**.*
es wäscht **sich**	*it gets washed / washes **itself***		

Mich, **dich**, **sich**, **uns** and **euch** are reflexive pronouns. In a normal sentence the reflexive pronoun goes after the verb, but when you ask a question the pronoun follows the subject of the verb:

Wann wäschst du **dich**?   *When do you get washed?*

Wäschst du **dich** im Badezimmer?   *Do you get washed in the bathroom?*

Übung

Füll die Lücken mit den richtigen Pronomen aus.

Fill in the gaps with the correct pronouns.

1   Ich wasche _____ im Badezimmer.

2   Du duschst _____ um 8 Uhr.

3   Er trocknet _____ schnell ab.

4   Sie kämmt _____ vor dem Spiegel.

5   Meine Schwester und ich schminken _____ .

6   Wann zieht ihr _____ an?

7   Nach der Schule ziehen sie _____ um.

Vokabeltipp   **Was ziehst du an?**

Ich ziehe (mir)	**meinen Pullover** (m.) **an.**	I put on my ... .
	meinen Rock (m.)	
	meine Hose (f.)	
	meine Jacke (f.)	
	mein T-Shirt (n.)	
	meine Schuhe (pl.)	

1
2
3
4
5
6

12   **Hör zu! Was ziehen sie an?**

Sieh dir den Vokabeltipp an und hör zu. Schreib die richtigen Zahlen.

1   Im Sommer   4 ☐

2   Im Winter   ☐ ☐

3   In der Disko   ☐

13   **Hör zu und lies! Susi Schön und Fritz Faul (1)**

19:00 / 19:40 / 20:00 / 20:15 / 20:30

Wie siehst du denn aus?!!! Geh nach Hause! Wasch dich! Rasier dich! Kämm dich! Zieh dich um!

Was machen sie? Fülle die Tabelle aus.

Zeit	Susi	Fritz
19 Uhr	*Susi duscht sich.*	*Fritz isst Pommes.*
	Susi fönt sich.	
		Fritz zieht sich die Jacke an.
20.15 Uhr		

14 **Sag was! Susi Schön und Fritz Faul (2)**

Sieh die Tabelle an. Du bist Susi oder Fritz. Sag, was du machst.

Beispiel Susi: *Ich dusche mich um* 19 Uhr.

15 **Schreib was! Susi Schön und Fritz Faul (3)**

Wasch dich! Rasier dich! Kämm dich! Zieh dich um!

Was macht Fritz jetzt? Schreib Sätze.

Beispiel **1** Wasch dich!   Er *wäscht sich.*

2 Rasier dich!   Er _____ .
3 Kämm dich!   _____
4 Zieh dich um!   _____

Sprachtipp

Imperative

In Chapter 4 you learned how to form the imperative:

A The **du** form: du gehst – **geh**!   *go!*
Verbs that add an umlaut in the **du** form drop it again in the imperative:

du schläfst – **schlaf**!

B The **ihr** form: ihr geht – **geht**!

C The **Sie** form: Sie gehen – **gehen Sie**!

Pass auf!

1 The verb **sein** (to be) is always difficult:

Sei leise!	Be quiet! (**du** – singular / familiar)
Seid leise!	Be quiet! (**ihr** – plural / familiar)
Seien Sie leise!	Be quiet! (**Sie** – singular or plural / formal)

2 **Separable verbs** send the prefix to the end:
e.g.   Steh um sechs Uhr **auf**!
             Fahrt **los**!

3 **Reflexive verbs** have the reflexive pronoun after the verb:
e.g.   Setzt **euch**!
             Ziehen Sie **sich** an!

Übung: Was ist richtig?

Beispiel **1** Guten Morgen, Herr Prange. *Essen Sie* Ihr Mittagessen.

2 Guten Tag, Hans. (kommen) nach Hause.
3 Peter und Thomas! Es ist schon neun Uhr! (aufstehen) schnell.
4 Guten Morgen, Frau Schmidt. (kommen) herein.
5 Sonja, morgen in der ersten Stunde hast du Deutsch. (machen) deine Hausaufgaben!
6 Yasemin, du bist in der Küche. (essen) dein Frühstück.

16   Lied: Der Guten Morgen Rap (1)

Aufsteh'n! Aufsteh'n!
Los jetzt, los jetzt! Aufsteh'n!
Duschen, waschen, Haare kämmen.
Zieh dich an und dann geht's los!

Ich steh auf! Du stehst auf!
Er, sie, es steht auf!
Wir steh'n auf, ihr steht auf,
sie stehen alle auf!

Aufsteh'n! Aufsteh'n!
Los jetzt, los jetzt! Aufsteh'n!
Frühstück essen, Kaffee trinken.
Zieh dich an und dann geht's los!

Ich zieh mich an, du ziehst dich an
Anette zieht sich an.
Wir zieh'n uns an, ihr zieht euch an,
sie zieh'n sich alle an!

Losfahr'n! Losfahr'n!
Wir müssen alle losfahr'n.
Zur Schule geh'n, zur Schule fahr'n,
Um 8 Uhr geht es los!!
... Guten Morgen!

Sprachtipp

Imperativ

In colloquial (informal) German the silent **-e** in the imperative is often dropped.

e.g. *Colloquial:*   Steh auf!   *Formal:*   Stehe auf!

              Aufstehn! / Aufsteh'n   Aufstehen!

---

17   Der Guten Morgen Rap (2)

Hör noch mal zu und füll die Lücken aus.

aufstehen

ich steh____ auf
du steh____ auf
er, sie, es steh____ auf
wir steh____ auf
ihr steh____ auf
sie steh____ auf

sich anziehen

ich ziehe _____ an
du ziehst _____ an
er, sie, es zieht _____ an
wir ziehen _____ an
ihr zieht _____ an
sie ziehen _____ an

Einheit B | Hilfst du mit?

Lernziele

In Unit 6B you will learn how to say
● *how you help at home*

1 Das Handy

Lies den Cartoon und hör zu!

Erste Hilfe

Nimm dein Handy mit.	Take your mobile with you.
meine Schöne	my lovely
jetzt	now
du auch?	you too?
warten	to wait

Kulturtipp — Text Messages

"Text message" heißt auf Deutsch „SMS".
SMS sind kurz. Manchmal lässt man Wörter
weg.

*Text messages are short. Sometimes you leave out
words.*

Beispiel → Bin bei Tina. → *Ich bin bei Tina.*

Schreib selber ein SMS an deine Freunde!
Write your own text message to your friends!

Hier sind ein paar „Smileys":

:-)	lustig, glücklich
>:-<	schlechte Laune
:D	lachen
<3	Herz (heart), Liebe
:-(	traurig
X	Kuss (kiss)
:'-(	weinen
( )	Umarmung (hug)

www. **SMS**
Hier gibt's noch mehr Smileys:
● **www.smszone.de**

---

2 **Sag was! Was macht Pierre?**

Pierre schreibt:
● FRÜHSTÜCKE JETZT
● FAHRE IN DIE STADT
● WARTE IM CAFÉ

A Was sagt Pierre? Mache Sätze.

Beispiel *Ich frühstücke jetzt.*

B Wann macht Pierre das?

Beispiel *Er frühstückt um 11.05 Uhr.*

Vokabeltipp — Helfen

Helfen is another verb where the **e** changes to an **i** after **du** and **er**, **sie** and **es**:
ich helfe, du hilfst, er, sie, es hilft, wir helfen, ihr helft, Sie helfen, sie helfen

Hilfst du zu Hause? Do you help at home?
Was machst du zu Hause? What jobs do you do at home?

einkaufen	*Ich kaufe ein.*	I do the shopping.
das Essen kochen	*Ich koche das Essen.*	I cook the food.
abspülen	*Ich spüle ab.*	I wash the dishes.
abtrocknen	*Ich trockne ab.*	I dry the dishes.
aufräumen	*Ich räume auf.*	I tidy up.
staubsaugen	*Ich sauge Staub.*	I do the vacuuming.
den Rasen mähen	*Ich mähe den Rasen.*	I mow the lawn.

---

3 **Hör zu! Was passiert hier?**

Was machen die Leute?

Beispiel **1** – *fernsehen*

4 **Sag was! Wer hilft zu Hause?**

Wer wohnt bei dir zu Hause? Wer macht was? Kreuze an und mache Sätze.

Beispiel *Mein Vater kocht. Meine Schwester ...*

	Mutter	**Vater**	**Geschwister**	**ich**	**andere**
aufräumen					
abspülen					
einkaufen					
kochen					
Staub saugen					
den Rasen mähen					

5 **Schreib was! Was machen Pia und ihre Mutter?**

Sieh dir den Cartoon „Das Handy" noch mal an und mache Sätze.

A Was machen sie?

Beispiel *10:35 Uhr: Pia geht in die Stadt.*
10:50 Uhr: Pias Mutter ...

B Was sagen sie?

Beispiel *Pia: Ich gehe um 10.35 Uhr in die Stadt.*
Pias Mutter: Ich spüle um 10.50 Uhr ab.

6 **Sag was! Wie oft hilfst du mit?**

Welche Jobs machst du zu Hause? Wie oft hilfst du im Haushalt? Kreuze an und mach Sätze.
What jobs do you do around the house. How often do you help? Put your answers in a table and then write sentences.

Beispiel *Ich kaufe nie ein. Ich räume oft auf.*

	einkaufen	**kochen**	**abspülen**	**Rasen mähen**	**aufräumen**	**Staub saugen**
nie						
ab und zu						
oft						

7 **Hör zu! Was hilft Marius? Was hilft Franziska? (1)**

Schreib auf, was für Jobs sie machen.
Marius: *aufräumen,* _____
Franziska: _____, _____

Vokabeltipp **Wann?**

Was machst du	*morgens?*	in the morning?
What do you do	*mittags?*	at midday?
	am Nachmittag?	in the afternoon?
	abends? / nachts?	in the evening? / at night?
	um 8 Uhr?	at 8 o'clock?

Wann gehst du in die Schule?	When do you go to school?
Ich gehe um 9 Uhr in die Schule. *Um 9 Uhr gehe ich in die Schule.* }	I go to school at 9.00 am.

Wie oft?

Wie oft hilfst du zu Hause?		How often do you help at home?
Ich helfe	*nie / selten / ab und zu*	never / rarely / off and on
	meistens / oft / immer	most of the time / often / always
	jede Woche / jeden Tag	each week / every day

S p r a c h t i p p

Verb second!

In German the verb (doing word) is always the second idea or element in a sentence.
This doesn't always mean that it is the second word. eg.:

1	2	3	4	5
Ich	**fahre**	heute	nach Bremen.	
Der Junge	**macht**	morgen	eine Klassenarbeit.	
Sie	**steht**	jeden Morgen	früh	auf.

However you start a sentence in German, you must remember to keep the verb in second place:

1	2	3	4	5
Heute	**fahre**	ich	nach Bremen.	
Morgen	**macht**	der Junge	eine Klassenarbeit.	
Jeden Morgen	**steht**	sie	früh	auf.

Übung: Schreib den Satz mit den unterstrichenen Wörtern am Anfang.

e.g. **1** *Meistens essen wir in der Küche.*

1 Wir essen <u>meistens</u> in der Küche.

2 Mein Vater fährt <u>oft</u> in die Stadt.

3 Meine Oma schenkt mir <u>immer</u> Geld zum Geburtstag.

4 Ich muss <u>jeden Abend</u> meine Hausaufgaben machen.

5 Meine Schwester sieht <u>jeden Tag</u> mindestens vier Stunden fern.

6 Ich helfe <u>nie</u> zu Hause.

7 Mein Bruder steht <u>morgens</u> immer sehr spät auf.

8 Wir gehen <u>morgen Abend</u> in die Disko.

8　Meinungsumfrage (1): Wie sieht dein Morgen aus?

Fülle den Fragebogen aus und frage deine Freunde.

Ich bin　　ein Junge ☐　　ein Mädchen ☐

1 Aufstehen

a Ich stehe zwischen 6 und 7 Uhr auf. ☐

b Ich stehe zwischen 7 und 8 Uhr auf. ☐

c Ich stehe nach 8 Uhr auf. ☐

2 Im Badezimmer

a Was machst du lieber?

Duschen ☐

Baden ☐

Nur waschen ☐

Gar nicht waschen ☐

b Für Mädchen: Schminkst du dich?

Für Jungen: Rasierst du dich?

Ja, immer ☐

Nein, nie ☐

Manchmal ☐

3 Vor der Schule

a Siehst du vor der Schule fern?

Ja, immer ☐

Nein, nie ☐

Manchmal ☐

b Frühstückst du vor der Schule?

Ja, immer ☐

Nein, nie ☐

Manchmal ☐

4 Der Schulweg

Wie kommst du zur Schule?

Ich gehe zu Fuß. ☐

Ich fahre mit dem Bus. ☐

Ich fahre mit dem Fahrrad. ☐

Ich fahre mit dem Auto. ☐

Anders (was?) ☐ ___

5 Mittagessen

Wo isst du zu Mittag?

In der Schule ☐

Zu Hause ☐

Anderswo ☐

S p r a c h t i p p

nicht

Remember nicht means "not" and lets us make a sentence negative.

e.g. Ich wache **nicht** auf.　　　　*I **don't** wake up.*

Didi isst sein Abendessen **nicht**.　　*Didi **doesn't** eat his evening meal.*

Heinz duscht sich **nicht**.　　　　*Heinz **doesn't** have a shower.*

Pia geht **nicht** in die Stadt.　　　*Pia **doesn't** go into town.*

Wir fahren heute **nicht** mit dem Auto.　*We **don't** travel by car today.*

> **Pass auf!**
>
> Remember that we use **kein** instead of "nicht ein".
>
> **e.g.**　Ich bin **kein** Popstar.　　*I am not a popstar.*
>
> 　　　Sie haben **keinen** Hund.　*They do not have a dog.*

Erste Hilfe

nach 8 Uhr	after eight o'clock
immer	always
nie	never
manchmal	sometimes
vor der Schule	before school
der Schulweg	the way to school
anders	differently
anderswo	elsewhere

9 | **Sag was! Meinungsumfrage (2)**

Tausche deinen Fragebogen mit einem Partner. Beschreibe, was dein Partner macht.

Beispiel   Jack's Fragebogen:

> **1   Aufstehen**
>
> **a**   Ich stehe zwischen 6 und 7 Uhr auf.   ☑
>
> Du sagst: *Zwischen 6 und 7 Uhr steht Jack auf.*

Vokabeltipp   **Wie kommst du zur Schule?**

How do you get to school?
Ich gehe zu Fuß.
Ich fahre   mit dem Bus.
*   mit dem Zug.*
*   mit dem Fahrrad.*
*   mit dem Auto.*
*   mit dem Skateboard.*
*   mit den Inline-Skatern.*

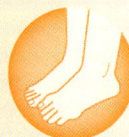

---

10 | **Meinungsumfrage: Wie kommst du zur Schule?**

Frage deine Mitschüler und mache eine Grafik (*a chart*). Beschreib das Ergebnis.

Beispiel   *3 Schüler fahren mit dem Fahrrad.*

S p r a c h t i p p

Präpositionen mit dem Akkusativ

Für (*for*), **um** (*around*), **durch** (*through*), **gegen** (*against, towards*), **entlang** (*along*), **bis** (*until*), **ohne** (*without*) and **wider** (*against*) are all prepositions and the nouns and pronouns that follow them have to be in the **accusative** case. (Remember: FUDGEBOW)

e.g.   Das ist ein Geschenk **für meinen** Vater.
           Ich gehe **um die** Ecke.
           Er fährt **ohne seine** Eltern weg.

Pass auf!

Entlang is different to the other prepositions – it usually follows the accusative noun or pronoun.
e.g. Gehen Sie **diese** Straße **entlang**.

Übung: Füll die Lücken aus!

1   Gehen Sie um d__ Platz herum.
2   Er geht durch d__ Stadtmitte.
3   Ich spiele gegen mei__ Freund.
4   Sie gehen ohne mei__ Schwester ins Kino.
5   Wir sitzen um d__ Tisch.
6   Sie laufen d__ Fluss entlang.

11　**Lies was! Ich bin ein Schlüsselkind**

Hallo!

Wie geht's? Du fragst, wie mein Tag ist.

Dazu musst du wissen: Ich bin ein Schlüsselkind! Meine Eltern sind geschieden und ich wohne bei meiner Mutter. Sie arbeitet jeden Tag bis 16 Uhr. Das heißt, sie ist mittags nie zu Hause.

Also morgens gehe ich ganz normal zur Schule. Bei uns beginnt die Schule meistens um Viertel nach acht. Meine Mutter fährt mich mit dem Auto hin. Ihre Arbeit fängt erst um halb neun an. Das ist praktisch.

Oft hört die Schule schon um ein Uhr auf. Dann ist noch keiner zu Hause. Das ist aber kein Problem. Ich hab ja meinen eigenen Schlüssel. Mittags esse ich oft ein Butterbrot, weil ich keine Lust hab, was zu kochen. Aber manchmal mach ich mir Spaghetti oder so.

Am Nachmittag mach ich immer Hausaufgaben. Oft ist das ziemlich viel – manchmal 3 Stunden! Manchmal hat Mama kleine Jobs für mich. Dann spüle ich ab oder sauge die Wohnung.

Um halb fünf kommt Mama nach Hause. Ab und zu gehen wir dann zusammen einkaufen. Oder wir essen vor dem Fernseher das Abendessen. Das ist dann immer gemütlich, mit Pommes und Cola!

Wie ist denn dein Tag in Schottland, Connor? Schreib bald wieder!

Dein Jonas

Erste Hilfe

das Schlüsselkind	latchkey child
ganz normal	just as everybody else
fährt mich hin	takes me by car
keiner zu Hause	nobody at home
eigenen Schlüssel	own key
ein Butterbrot	a sandwich

Richtig oder falsch?

1　Jonas ist ein Schlüsselkind

2　Er wohnt bei seinen Eltern.　　　**4**　Um ein Uhr ist keiner zu Hause.

3　Sein Vater fährt Jonas zur Schule.　**5**　Jonas hat seinen eigenen Schlüssel.

12　**Schreib was! Jonas, das Schlüsselkind**

Vervollständige die Sätze.

Complete the sentences.

Beispiel　Morgens (Jonas zur Schule gehen)　*Morgens geht Jonas zur Schule.*

1　Morgens (Jonas zur Schule gehen)

2　Um Viertel nach acht (die Schule beginnen)

3　Um halb neun (Mutters Arbeit anfangen)

4　Um ein Uhr (die Schule aufhören)

5　Mittags (Jonas Butterbrot essen)

6　Manchmal (er Spaghetti machen)

7　Nachmittags (er Hausaufgaben machen)

8　Manchmal (er abspülen oder staubsaugen)

9　Um halb fünf (Mama nach Hause kommen)

10　Ab und zu (er gehen mit seiner Mutter einkaufen)

11　Manchmal (Jonas und seine Mutter Pommes essen)

13   **Schreib was! Beantworte Jonas' Brief**

Du bist Jonas' Brieffreund. Schreib einen Brief an Jonas. Beschreib deinen Tag.

●   Was machst du morgens?

●   Was machst du mittags?

●   Was machst du nachmittags?

●   Was machst du abends?

Aussprache

VW

Hör zu und wiederhole:

W   Wer will den Wagen waschen?

V   Es ist vormittags um Viertel vor vier.

Kannst du das sagen?

Vetter Wilfried, wieviel Vögel wohnen bei Vater Wolfgang?	Wilma und Willi Vormann, Waltraut und Veith Vogel fahren zu viert VW.	Willi und Wilma fahren vorne und Familie Vogel will nach hinten.

Zzzzz ... zett und s

Pass auf!

Z spricht sich **ts** aus, wie in "it's" und "Ritz".

S klingt oft wie das englische "z" in "zoom".

Hör zu und wiederhole:

Z   Zimmer, zwei, Zwillinge

S   Sessel, sieben, Sohn

Z oder **S**? Mache eine Liste.

Z	S
Zimmer	*Sieben*
. . .	. . .

14   **Spiel: Pantomime**

Take turns miming an activity from this unit (e.g. **schlafen**, **kochen**, **Auto fahren**). *Your team has to guess (in German!) which German activity you're acting out by asking questions like:*

●   Schläfst du?

●   Fährst du Auto?

●   Kochst du?

You can only answer by nodding or shaking your head.

15   **Lied: Fleißige Leute**

Hör zu und sing mit!

> Wer will fleißige Leute seh'n?
> Der muss zu uns nach Mainz geh'n.
> Wir lernen, wir lernen, wir lernen jeden Tag.
> Wir lernen, wir lernen, wir lernen jeden Tag.
>
> Wer will fleißige Leute seh'n?
> Der muss zu uns nach Mainz geh'n.
> Wir kochen, wir kochen, wir kochen jeden Tag. (x2)
>
> Wer will fleißige Leute seh'n?
> Der muss zu uns nach Mainz geh'n.
> Wir spülen, wir spülen, wir spülen immer ab. (x2)
>
> Wer will fleißige Leute seh'n?
> Der muss zu uns nach Mainz geh'n.
> Wir räumen, wir räumen, wir räumen immer auf. (x2)
>
> Wer will fleißige Leute seh'n?
> Der muss zu uns nach Mainz geh'n.
> Wir saugen, wir saugen, wir saugen immer Staub. (x2)

Leseseite

Bundesliga – Der Fussball-Manager

Lust auf diesen Job?

8:00	Frühstück mit dem Präsidenten
10:00	Gespräch mit dem neuen Trainer
12:00	Pressekonferenz: Der Trainer bleibt!
13:30	Mittagessen mit dem Präsidenten
15:00	Trainer-Entlassung
19:00	Abendessen mit dem Präsidenten

DIE BUNDES LIGA

BUNDESLIGA - DER FUSSBALL-MANAGER

Answer the following questions in English:

1 How does this manager's day start?
2 What does he do at 10?
3 What does he say at the press conference?
4 What actually happens to the trainer?
5 What is this an advert for?

Fülle die Lücken in den Sätzen aus.

Complete the following sentences in German:

1 Der Fussball-Manager _____ um 8.00 Uhr. (frühstücken)
2 Um 10 Uhr _____ er mit dem neuen Trainer. (sprechen)
3 Er sagt auf der Pressekonferenz: Der Trainer _____ . (bleiben)
4 Nach der Pressekonferenz _____ er Mittagspause. (machen)
5 Um 15 Uhr _____ der Trainer _____ . (weggehen)

Aussagesätze

These are the key phrases you have learned in this chapter:

Ich wache auf.	I wake up.
Ich stehe auf.	I get up.
Ich ziehe meine Sachen an.	I put on my clothes.
Ich esse (mein) Frühstück.	I eat my breakfast.
Ich esse (mein) Mittagessen.	I eat my lunch.
Ich esse (mein) Abendessen.	I eat my dinner.
Ich gehe zur Schule.	I go to school.
Ich lerne Deutsch.	I learn German.
Ich fahre nach Hause.	I drive home.
Ich mache Hausaufgaben.	I do my homework.
Ich höre Musik.	I listen to some music.
Ich sehe fern.	I watch television.
Ich gehe ins Bett.	I go to bed.
Ich schlafe.	I sleep.
Ich fahre zur Arbeit.	I drive to work.
Er / sie fährt zur Arbeit.	He / she drives to work.
Er / sie arbeitet.	He / she works.
Er / sie geht nach Hause.	He / she goes home.
Ich ziehe (mir) meinen Pullover an.	I put on my pullover.

Hilfst du zu Hause?	Do you help at home?
Was machst du zu Hause?	What jobs do you do at home?
Ich kaufe ein.	I do the shopping.
Ich koche das Essen.	I cook the food.
Ich spüle ab.	I wash the dishes.
Ich trockne ab.	I dry the dishes.
Ich räume auf.	I tidy up.
Ich sauge Staub.	I do the vacuuming.
Ich mähe den Rasen.	I mow the lawn.
Wie oft hilfst du zu Hause?	How often do you help at home?
Ich helfe ab und zu.	I help now and then.

Was machst du morgens / mittags?	What do you do in the morning / at midday?
Wann gehst du in die Schule?	When do you go to school?
Ich gehe um 9 Uhr in die Schule.	I go to school at 9 a.m.
Wie kommst du zur Schule?	How do you get to school?
Ich gehe zu Fuß.	I go on foot.
Ich fahre mit dem Bus / Zug.	I go by bus / train.
Ich fahre mit dem Fahrrad / Auto.	I go by bike / car.

Lerntipp — Use your new words!

Here are some ideas to help you remember the new expressions you learned in this chapter:

- Make a list of the things you have to do each morning in German. Tick off each item as you go!
- Keep a diary in German for a few days. Use simple phrases from the book, e.g. *Samstag, 10 Uhr: Ich stehe auf.*
- Write a pretend diary for someone you made up – perhaps an astronaut, a superhero, a film star?

Remember: The more you use your new words the easier it becomes to remember them.

Grammatik

1   Schwache Verben (weak verbs)

Most verbs follow the same pattern of endings in the present tense:

wohnen (to live)

ich wohn**e**	wir wohn**en**
du wohn**st**	ihr wohn**t**
er / sie / es wohn**t**	Sie / sie wohn**en**

Verbs which end in -**ten**, -**den** or -**nen** add an extra -**e**- before the -**t** and -**st**:

Er arbeit**et**.   Du find**est** das komisch.

2   Starke Verben (strong verbs)

Strong verbs are irregular and have to be learned separately.

Some verbs add an umlaut, some change a key vowel:

fahren	du f**ä**hrst	er / sie / es f**ä**hrt
helfen	du h**i**lfst	er / sie / es h**i**lft

You will find a list of irregular verbs at the back of this book.

3   Trennbare Verben (separable verbs)

Some verbs have two parts – the verb and a prefix:

aufwachen	to wake **up**
fernsehen	to watch television

When you use a separable verb in a sentence, the prefix separates from the verb and goes to the end:

David **steht** um 7 Uhr **auf**.   Ich **ziehe** meine Jacke **an**.

4   Reflexive Verben

Reflexive verbs refer to actions which "reflect" back onto the subject of the verb. **mich**, **dich**, **sich**, **uns** and **euch** are reflexive pronouns. In a normal sentence the reflexive pronoun goes after the verb – but when you ask a question it goes after the subject of the verb:

Wann wäschst du **dich**?   Wäschst du **dich** im Badezimmer?

5   Imperativ

There are three main ways of giving a command:

A   The **du** form: take the **du** form of the verb in the present tense and take off the -**st** ending:

e.g. du gehst   **geh!**   go!

Verbs that add an umlaut in the **du** form drop it again in the imperative:

e.g. du schläfst   **schlaf!**

B   The **ihr** form: take the **ihr** form of the verb in the present tense:

e.g. ihr geht   **geht!**

C   The **Sie** form: take the **Sie** form of the verb in the present tense. Turn the verb and **Sie** around:

e.g. Sie bleiben   **bleiben Sie!**

> ### Pass auf!
>
> The verb **sein** (to be) is different:
>
> | | | |
> |---|---|---|
> | **Sei** leise! | Be quiet! | (du) |
> | **Seid** leise! | Be quiet! | (ihr) |
> | **Seien Sie** leise! | Be quiet! | (Sie) |

Separable verbs send the prefix to the end:

e.g. Steh um sechs Uhr **auf!**

Reflexive verbs have the reflexive pronoun after the verb:

e.g. Setzt **euch!**

6   Wortstellung

In German the verb is always the second **idea** or **element** in a sentence. For example:

1	2	3	4	5
Sie	**steht**	jeden Morgen	früh	auf.
Jeden Morgen	**steht**	sie	früh	auf.

7   Präpositionen mit dem Akkusativ

Für, **um**, **durch**, **gegen**, **entlang**, **bis**, **ohne** and **wider** are all prepositions and the nouns and pronouns that follow them have to be in the **accusative** case. (Remember: FUDGEBOW)

e.g. Das ist ein Geschenk **für meinen** Vater.

Einheit A	**Mein Hobby**

Lernziele

In Unit 7A you will learn how to
- *describe your hobbies*
- *arrange to meet someone*

---

1 **Ein Super-Date – Teil 1**

Lies den Cartoon und hör zu!

Hoppla!

Hallo Laura! Warte! Ich helf dir!

Internet! Ist das dein Hobby?

Ja. Mein Hobby ist das Internet.

Ich surfe auch gern im Internet.

Danke, Matthias. Das war echt nett.

Was machst du heute Abend? Sollen wir uns treffen?

Ja, total gerne! Wann?

Um 5 Uhr vor dem Kino!

Hallo Bettina! Kann ich dir helfen?

Oh, Matthias! Ja, bitte!

Mein Hobby ist Fahrrad fahren. Was ist dein Hobby?

Das ist auch mein Hobby!

Danke, du bist ein Schatz! Möchtest du heute Abend mit mir ins Kino gehen?

Ja, warum nicht. Um 5 Uhr?

Erste Hilfe

Warte!	Wait!
im Internet surfen	to surf the internet
Sollen wir uns treffen?	Shall we meet up?
Möchtest du …?	Would you like to … ?
Warum nicht?	Why not?

2 Lies den Cartoon!

A Wie sagt man das auf Deutsch?

1 Is that your hobby?
2 My hobby is the Internet.
3 My hobby is cycling.
4 What is your hobby?

B Beantworte die Fragen auf Deutsch

1 Wer surft gern im Internet?
2 Wann werden Laura und Matthias sich treffen?
3 Wo werden sie sich treffen?
4 Was für ein Hobby hat Bettina?

Vokabeltipp — Mein Hobby

Was machst du	**in deiner Freizeit? / nach der Schule? / am Wochenende?**	What do you do in your free time? / after school? / at the weekend?

In meiner Freizeit spiele ich Gitarre. — In my free time I play the guitar.
Ich interessiere mich für... (+ noun). — I'm interested in … .
Was ist dein Hobby? — What's your hobby?
Mein Hobby ist ... — My hobby is …

Sport treiben — doing sports
Fußball / Tennis / Tischtennis spielen — playing football / tennis /table tennis /
reiten / schwimmen / — riding / swimming /
Ski fahren / Rollschuh fahren — skiing / roller skating
der Computer / Videos / DVDs / fernsehen / — the computer / videos / DVDs / watching TV /
lesen /Musik hören — reading / listening to music
Klavier / Gitarre spielen — playing the piano / playing the guitar
das Kino / Freunde treffen / tanzen — the cinema / meeting friends / dancing
fotografieren / malen — photography / painting

---

3 Lies was! Stars und ihre Hobbys

Was macht Claudia Schiffer, das bekannte Fotomodell, in ihrer Freizeit? Claudia treibt Sport, sie malt und liest, um sich zu entspannen.

Michael Schumacher liebt auch privat den Sport. Seine Hobbys sind Fußball spielen, Tennis, schwimmen und Ski fahren.

Was sind ihre Hobbys? Finde die Bilder.

1   2   3   4   5   6   7

4 **Sag was! Meine Hobbys** 😊😊 💬

Und du? Was ist dein Hobby?

1 Frage einen Partner.

2 Mache eine Umfrage in deiner Klasse:

Wie viele Leute …
- treiben Sport?
- spielen ein Instrument?
- interessieren sich für Computer?
- lesen gern?
- interessieren sich für Filme?

Vokabeltipp **Was machst du gern?**

Was machst du	*gern?*	What do you like doing?
Was machst du	*nicht so gern?*	What don't you like doing?
Was machst du	*am liebsten?*	What do you like doing best?
Magst du … ?		Do you like … ?
Ich liebe … .		I love … .
Ich bleibe viel zu Hause.		I stay at home a lot.
Ich gehe	*gern ins Kino.*	I like going to the cinema.
	sehr gern ins Theater.	I really like going to the theatre.
	nicht gern ins Konzert.	I don't like going to concerts.
	lieber ins Café.	I prefer to go to cafés.
	am liebsten in die Stadt.	I like going to town best.
	in die Disko / ins Restaurant /	I go to the disco / the restaurant /
	ins Museum.	the museum.

S p r a c h t i p p

Was machst du lieber? Was machst du am liebsten?

When you want to say that you **like** doing something in German, you can use the word **gern** with a verb:

Ich **spiele gern** Fußball.   *I **like playing** football.*

When you want to say that you **prefer** doing something, then you use the word **lieber** instead:

Ich **spiele lieber** Fußball.   *I **prefer playing** football.*

When you want to say what you like doing **best**, you use **am liebsten**:

Am liebsten spiele ich Fußball.   *I **like playing** football **best**.*

Übung: Was macht sie gern?

Beispiel *Yasemin: fernsehen* ✓*; Tennis spielen* ✓✓*; tanzen* ✓✓✓

*Yasemin sieht **gern** fern, aber sie spielt **lieber** Tennis und sie tanzt **am liebsten**.*

1 Thomas: Musik hören ✓; schwimmen ✓✓; Fußball spielen ✓✓✓

2 Anja: Comics lesen ✓; zeichnen ✓✓; ausgehen ✓✓✓

3 David: ins Theater gehen ✓; ins Museum gehen ✓✓; zu Hause bleiben ✓✓✓

4 Und du? Was machst du gern? Was machst du lieber? Was machst du am liebsten?

Kulturtipp   **Wer darf in die Disko?**

16

Das deutsche Gesetz sagt:

- unter 16 Jahren bist du ein Kind.
- zwischen 16 und 18 bist du ein Jugendlicher / eine Jugendliche.
- ab 18 bist du ein Erwachsener / eine Erwachsene.

Das darfst du:	als Kind	als Jugendliche(r)
In eine Gaststätte gehen	nur mit Erwachsenen	bis 24 Uhr
In die Disko gehen	nur mit Erwachsenen	bis 24 Uhr
Bier / Wein trinken	nein	ja
starke Alkoholgetränke trinken (z.B. Schnaps)	nein	nein
Zigaretten rauchen	nein	ja

5   **Persönlichkeitstest: Was für ein Freizeittyp bin ich?**

Kreuze an und vergleiche mit deinen Freunden.
Choose your answers then compare with your friends.

1 Die Schule ist aus und du hast heute keine Hausaufgaben. Was machst du am liebsten?

a Ich mach am liebsten den Fernseher an. Nachmittags kommen immer prima Soaps! ☐

b Ich leg mich gern gemütlich ins Bett und lese ein Buch. ☐

c Ich ruf lieber meine Freunde an. Vielleicht können wir uns treffen. ☐

d Prima! Ich zieh meine Inline-Skater an und fahr los! ☐

2 Jemand aus deiner Klasse ruft an und will sich mit dir treffen. Wo geht ihr hin?

a Am liebsten ins Kino oder ins Theater. ☐

b Wir gehen in die Disko. Da ist immer was los. ☐

c Wir machen lieber eine Fahrradtour zusammen. ☐

d Ich geh nicht gern aus. Wir treffen uns lieber bei mir und hören Musik. ☐

3 Was interessiert dich am meisten? Kreuze drei Dinge an.

a Fußball ☐   **g** schwimmen ☐

b in die Stadt gehen ☐   **h** fotografieren ☐

c fernsehen ☐   **i** lesen ☐

d tanzen ☐   **j** malen ☐

e Kino ☐   **k** Musik hören ☐

f wandern ☐   **l** Freunde treffen ☐

4 Was machst du lieber?

a Sport treiben oder ☐

b Sport im Fernsehen sehen? ☐

c Musik machen oder ☐

d Musik hören? ☐

e Reden ☐

f oder zuhören? ☐

g Aufstehen ☐

h oder ins Bett gehen? ☐

A	B	C	D

					d4	3a A,c,D b4	4a C
					h4	3a A,c,D b4	4a C
					g6	e4	3a C
					f8	d4	2a B
1d	k7	i8	i8	h4	A,c D	2a B	1a A
				g6	c7		b4
				f8	b4		c7
				e4	a4		d4

Rotated answer key (AUSWERTUNG):

AUSWERTUNG

Sieh dir die Tabelle an und zähle, wie oft du A, B, C oder D bekommen hast. Welchen Buchstaben hast du am meisten? Das ist dein Freizeittyp.

Mein Freizeittyp

A
Die Schildkröte

Du liebst es „gemütlich". Am liebsten bleibst du zu Hause. Zu viel Action ist dir suspekt. Du siehst gern fern oder hörst gern Musik. Deine CD-Sammlung ist toll! Wenn du ausgehst, dann höchstens mal ins Kino. Leute triffst du lieber im Internet-Chatroom als live.

Komm mal raus aus deiner Bude! Triff dich mit Freunden und werde aktiv! Du bist doch keine Schildkröte!

B
Der Bücherwurm

Du bist ein intelligenter Mensch. Du lernst gern Neues und liebst deine Bücher. Du bist gern mal allein und brauchst nicht so viel Gesellschaft. Vielleicht gehst du mal ab und zu ins Kino, wenn ein guter Film läuft, aber die Disko ist nicht deine Szene!

Sei nicht immer nur ernst! Trau dich! Sei ab und zu mal mit deinen Freunden lustig. Jeder braucht mal ein bisschen Spaß im Leben.

C
Der Sportliche

Du liebst den Sport. Du bist am liebsten aktiv. Zu Hause bleiben und faul sein, das ist nichts für dich. Du spielst Tennis, Fußball und Handball. Und im Winter fährst du gern Ski und Snowboard.

Du bist topfit und das ist prima, aber mach auch mal ab und zu Pause! Nur immer Sport ist langweilig. Hast du auch andere Hobbys?

D
Das Partymonster

Dein Leben ist eine Non-Stop-Party. Du liebst Gesellschaft. Du bist am liebsten den ganzen Tag mit deinen Freunden zusammen. Du gehst gern in die Disko. Und ohne dein Handy kannst du nicht leben.

Alle lieben dich, denn mit dir hat man Spaß. Aber nimm dir auch manchmal Zeit für dich. Lies mal wieder ein Buch oder mach was Ruhiges.

Erste Hilfe

da ist was los	there's something going on
ausgehen	to go out
das ist dir suspekt	you find that suspicious
die Sammlung	the collection
die Bude	the den / burrow
allein	on your own
ernst	serious
Trau dich!	be courageous
Spaß brauchen	to need fun
nichts für dich	not for you
die Gesellschaft	society / company

6 **Hör zu! Unsere Lieblingshobbys (1)**

Was machen Matthias und Laura in ihrer Freizeit? Füll die Tabelle auf Deutsch aus.

	nicht gern	**gern**	**Lieblingshobby**
Laura	*Ski fahren*		
Matthias			

7 **Schreib was! Unsere Lieblingshobbys (2)**

Sieh dir die Tabelle an und schreibe Sätze.

Beispiel   *Laura fährt nicht gern Ski.*
Matthias fährt gern Ski.
Lauras Lieblingshobby ist . . .

Vokabeltipp   **Bist du in einem Verein?**

Are you a member of a club?

Ich gehe	abends	in den Verein.	I go	to the club	in the evening.
	vormittags				in the morning.
	am Wochenende				at the weekend.
	zweimal pro Woche				twice a week.
	alle vierzehn Tage				every two weeks.

Ich mache Fotos. — I take photos.
Ich bin in einer Tennismannschaft. — I am in a tennis team.
Ich bin in einem Sportverein. — I am in a sports club.
Ich singe im Chor. — I sing in the choir.
Ich sammle Briefmarken. — I collect stamps.

---

8 **Lies was! Vereine**

Your English friend has found these advertisements. Explain to him / her what they are about.

1 What days of the week could young people play hockey?

2 What days of the week could young people play football?

3 What days of the week could boys play handball?

4 If you are interested in bowling, which day of the week could you go bowling?

KEGELN
Kegelverein Fortuna sucht neue Mitglieder:
Männer und Frauen zwischen 30 und 50
gesucht.
Wir treffen uns jeden ersten Dienstag im Monat
ab 19.30 Uhr.
Interessenten wenden sich bitte an:
Frau Schösser 0208 - 44 12 52

HALLENHOCKEY
HTC Uhlenhorst
Neue Mitglieder immer willkommen!
Jugendtraining: Di., Do. 16–18 Uhr
Senioren: Di., Do. 18–20 Uhr, Sa. 10–12 Uhr
Sporthalle Lehnerstraße

FUßBALL
VfB Speldorf
Sa. und So. 9–15 Uhr, Stadion am Blötter Weg.
Verschiedene Altersgruppen. Bitte informieren
Sie sich telefonisch:
0208 - 50 35 03

HANDBALL
HSV Dümpten
Frauenmannschaft: Mo., Mi., Sa. 17–20 Uhr
Herrenmannschaft: Di., Do., Fr. 17–20 Uhr
Sporthalle Boverstraße

Sprachtipp

Modalverben

There are six modal verbs which are very commonly used in German:

können (to be able to, "can")

ich **kann**	wir **können**
du **kannst**	ihr **könnt**
er / sie / es **kann**	Sie / sie **können**

müssen (to have to, "must")

ich **muss**	wir **müssen**
du **musst**	ihr **müsst**
er / sie / es **muss**	Sie / sie **müssen**

wollen (to want to)

ich **will**	wir **wollen**
du **willst**	ihr **wollt**
er / sie / es **will**	Sie / sie **wollen**

sollen (to be supposed to, to be meant to)

ich **soll**	wir **sollen**
du **sollst**	ihr **sollt**
er / sie / es **soll**	Sie / sie **sollen**

dürfen (to be allowed to, "may")

ich **darf**	wir **dürfen**
du **darfst**	ihr **dürft**
er / sie / es **darf**	Sie / sie **dürfen**

mögen (to like)

ich **mag**	wir **mögen**
du **magst**	ihr **mögt**
er / sie / es **mag**	Sie / sie **mögen**

Modal verbs are very often used with an infinitive, which ends in **-n** or **-en** and goes to the end:

e.g. Was **kann** ich für Sie **tun**?

*What **can** I **do** for you?*

Du **musst** im Haushalt **helfen**.

*You **must help** around the house.*

Heinz **will** ein Eis **kaufen**.

*Heinz **wants to buy** an ice cream.*

Wann **soll** ich **zurückkommen**?

*When **am I supposed to come back**?*

Ich **darf** nicht ins Kino **gehen**.

*I **am** not **allowed to go** to the cinema.*

Übung: Was kann man machen?

e.g. Ich (Schach spielen) *Ich kann Schach spielen.*

1 Ich (Fotos machen)

2 Du (Fußball spielen)

3 Er (Tennis spielen)

4 Wir (im Chor singen)

Was muss man machen?

e.g. Ich (zu Hause bleiben) *Ich muss zu Hause bleiben.*

5 Ich (meine Hausaufgaben machen)

6 Ihr (Briefe schreiben)

7 Wir (unsere Großeltern besuchen)

8 Sie (einkaufen gehen)

Was darf man / darf man nicht machen?

e.g. Ich (bis 10 Uhr im Jugendzentrum bleiben)

Ich darf bis 10 Uhr im Jugendzentrum bleiben.

9 Ich (nicht in eine Gaststätte gehen)

10 Du (Bier trinken)

11 Er (keine Zigaretten rauchen)

12 Wir (in die Disko gehen)

man

The pronoun **man** is the equivalent of the word "one" in English.

e.g. Was **kann** man machen?

Was **muss** man machen? / Was **darf** man nicht machen?

It is widely used in German, but in English we often avoid using "one", because we feel it is snobbish!

e.g. Was macht man dann?

What do you do then?

Man sagt, Deutschland ist sehr schön.

They (people) say that Germany is very beautiful.

9 Sag was! Bist du im Verein?

Spiele mit einem Partner. **A** stellt Fragen. **B** antwortet. Benutzt die Bilder.

Beispiel *montags*

A Bist du in einem Verein? **A** Wann machst du das?
B Ja, ich *sammle Briefmarken* / ich bin im *Briefmarkenverein*. **B** Ich gehe *montags* in den Verein.

1 **2** **3** **4**

samstagmorgens dienstags und donnerstags sonntags mittwochabends

10 Quiz: Sport

Wie viele Spieler pro Mannschaft gibt es bei diesen Sportarten?

Fußball	Volleyball	Eishockey	Basketball
Handball	Squash	Beach-Volleyball	Feldhockey

1	5	6	11
2	6	7	11

11 Sportarten und Länder

Welche Sportarten sind typisch für welche Länder? Mache Sätze.
Manche Sportarten passen für beide Länder.

Beispiel *In Großbritannien spielt man Rugby.*

Rugby   Ski fahren
Cricket   Handball   Fußball
Tennis   Golf

Großbritannien	Deutschland / Österreich / Schweiz
Rugby	

w w w .

Sport
● Sport in Deutschland:
w w w . s p o r t . d e
● Handball:
d e . s p o r t s . y a h o o . c o m / h a n d
● Fußball:
d e . s p o r t s . y a h o o . c o m / f o o t
● Wintersport:
d e . s p o r t s . y a h o o . c o m / s k i

Kulturtipp Sport in deutschsprachigen Ländern

In Deutschland gibt es andere Sportarten.

Handball ist ein Hallensport. Es gibt sechs Spieler und einen Torwart (*goalkeeper*) – insgesamt also sieben. Ein Spiel dauert 2 x 30 Minuten.

Kegeln ist so ähnlich wie „skittles". Der Ball ist etwas kleiner als beim Bowling und er hat keine Löcher. Es gibt neun Kegel.

Wintersport In Bayern, Österreich und in der Schweiz gibt es im Winter viel Schnee. Wintersport ist sehr populär. Viele Leute fahren Ski und Bob (*bobsleigh*), Schlittschuh (*ice-skating*), rodeln (*sledging*) oder machen Langlauf (*cross-country skiing*).

12 Lied: Der Freizeit Rap (1)

Hör zu und sing mit. Was sind deine Hobbys? Mache neue Strophen.

Was ist dein Hobby?
Was machst du gern?
Alle machen etwas.
Siehst du auch gern fern?

Heinz hat viele Hobbys,
Computer und TV.
Er spielt gern Gitarre,
Fußball und auch Squash.

Was ist dein Hobby? …

Pia schwimmt und schläft gern.
Sie liebt ihr Telefon.
Sie liest und schreibt gern Briefe.
Am liebsten spielt sie Bass.

Was ist dein Hobby? …

Yasemin mag Karate.
Sie findet Lesen gut.
Am liebsten spielt sie Schlagzeug.
Das Internet ist gut.

Was ist dein Hobby? …

13 Lied: Der Freizeit Rap (2)

Hör zu. Was brauchen sie nicht?

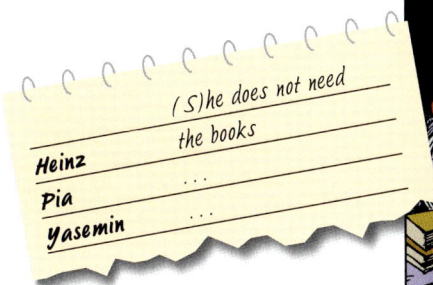

(S)he does not need

Heinz — the books
Pia — …
Yasemin — …

Einheit B	Einladungen

Lernziele

In Unit 7B you will learn how to
- *make a date to meet someone*

1　　**Ein Super-Date – Teil 2**

Lies den Cartoon und hör zu!

> Hallo Heinz! Wie geht's?

> Prima. Sag mal, hast du ein Date mit Bettina? Toll!!!

> Ich treffe mich um 5 Uhr mit Bettina und mit Laura.

> Mit Laura auch? Wow!

> Oh je! Ich hab um 5 Uhr ja gar keine Zeit. Ich hab ein Fußballturnier!!!

> Hallo Bettina. Was machst du denn hier?

> Ich habe ein Date mit einem ganz süßen Typen.

> Ich auch, aber er kommt zu spät.

> Hallo Girls! Sorry, Matthias hat leider keine Zeit. Sollen wir zu mir gehen? Ich hab eine tolle DVD-Sammlung!

> Terminator 3 ist gut! Ein prima Action-Film!

> Oh! Ich muss heute Abend babysitten!

> Ich glaube, ich habe meine Hausaufgaben vergessen!

Erste Hilfe

gar keine Zeit	no time at all
ein Fußballturnier	a football match
keine Zeit	no time / busy
zu mir gehen	go to my place
die DVD-Sammlung	the DVD-collection
ich muss babysitten	I have to babysit

2 Lies was!

Wie sagt man das auf Deutsch?

Sieh dir den Cartoon Teil 1 und 2 an und finde im Text:

1 What are you doing tonight?

2 Shall we meet up?

3 Would you like to go to the cinema?

4 too late

5 no time

6 Shall we go to my house?

3 Beantworte die Fragen

1 Was macht Matthias um 5 Uhr?

2 Was will Heinz machen?

3 Was muss Bettina machen?

4 Was muss Laura machen?

Vokabeltipp — Einladungen

DAS KANNST DU FRAGEN

Was machst du heute Abend?	What are you doing tonight?
Hast du morgen Zeit?	Are you free tomorrow?
Gehen wir ins Kino?	Shall we go to the cinema?
Möchtest du in die Stadt gehen?	Would you like to go to town?
Sollen wir ins Café gehen?	Shall we go to the café?

DAS KANNST DU ANTWORTEN

Ich habe Zeit.	I'm not busy.
Ja, gerne.	Yes, I'd like that.
Nein, danke.	No, thank you.
Es tut mir Leid.	I'm sorry.
Ich habe keine Zeit.	I'm too busy.
Ich habe keine Lust.	I don't feel like it.

Sprachtipp

zu

Hast du Lust, Tennis **zu spielen**?

Ich habe keine Lust, ins Kino **zu gehen**.

Ich habe gar keine Zeit, mich mit Laura und Bettina **zu treffen**.

Look at the pattern when we have an infinitive at the end of a sentence: it ends in **-n** or **-en** and normally has the word **zu** directly before it.

Note that there is also normally a comma in the middle of the sentence.

If a **separable** verb stands at the end of the sentence, the **zu** is placed between the prefix and the verb:

e.g. Ich habe keine Lust, früh auf**zu**stehen.

4 Schreib was! SMS-Nachrichten (1)

> IN DER PAUSE IN DIE
> STADT? LUST? DIRK

> HALLO! MORGEN KINO?
> LUST? :-) LENA

> NACH DER SCHULE
> ZEIT? CAFE? JAN

Was sagen deine Freunde? Mache Sätze.

Beispiel *IN DER PAUSE IN DIE STADT? LUST? DIRK*
Möchtest du in der Pause in die Stadt?
Hast du Lust?

Beantworte die SMS in ganzen Sätzen.

Beispiel *Ja, gerne. Ich habe Lust.*

Vokabeltipp   **Wann und wo?**

Wann sollen wir uns treffen?	When shall we meet up?
Sollen wir uns um 6 Uhr treffen?	Shall we meet up at 6 o'clock?
Ja, das ist in Ordnung. / Nein, das geht nicht.	Yes, that's fine. / No, that's no good for me.
Das ist zu früh / zu spät.	That's too early / too late.
Wo sollen wir uns treffen?	Where shall we meet?
Wir treffen uns bei mir / bei dir / am Kino.	We'll meet at my place / at your place/ at the cinema.
Ist das in Ordnung?	Is that okay?

5   **Sag was! Nach der Schule**

Spiele mit einem Partner. A lädt ein. B antwortet.

Beispiel   A   B   A   *Hast du Lust, schwimmen zu gehen?*
B   *Ja, gerne. Ich habe Lust.*

1 A   B   2 A   B   3 A   B   4 A   B

Sprachtipp

Präpositionen mit dem Dativ oder mit dem Akkusativ?

We have seen that some prepositions are followed by the dative case and some by the accusative case.
An (*at*), **auf** (*on*), **hinter** (*behind*), **in** (*in*), **über** (*over*), **unter** (*under*), **neben** (*next to*), **vor** (*in front of*) and **zwischen** (*between*) take *either* the dative or the accusative case.

This doesn't mean that we have a completely free choice in the matter!
We do have to follow a simple rule.

Ich wohne **in der Stadt**. (dative)   Ich gehe **in die Stadt**. (accusative)
Er steht **hinter dem Tisch**. (dative)   Er geht **hinter den Tisch**. (accusative)

You will have noticed that we use: the **dative** for **position** and
the **accusative** for **movement**.

Sometimes the preposition and the word following join together to form one word:

an + das = ans   **an + dem = am**   **in + dem = im**   **auf + das = aufs**   **in + das = ins**

e.g. Wir fahren **aufs** Land. / Ich fahre **ins** Ausland. / BUT: Meine Tante wohnt **im** Ausland.

Füll die Lücken aus!

1 Das Brot ist auf d__ Tisch.
2 Ich gehe in d__ Küche.
3 Ich koche in d__ Küche.

4 Wir wohnen auf d__ Land.
5 Die Jungen gehen über d__ Brücke.

6 Der Hund schläft unter d__ Stuhl.
7 Wir treffen uns vor d__ Schule.
8 Ich gehe i__ Bett.

6   **Hör zu! Eine Verabredung**

Wann und wo trifft Heinz Pia? Kreuze an.

A ☐   B ☐   C ☐   D ☐

E ☐   F ☐   G ☐   H ☐

7   **Logikrätsel: Wer trifft wen?**

Ayse   **Maria**   **Babsi**

1   Ayse trifft sich mit Peter.
2   Maria ist um 8 Uhr verabredet.
3   Babsi geht nicht ins Kino.
4   Ahmet trifft sich um 7 Uhr.
5   Lutz wartet am Kino.
6   Peter ist nicht mit Babsi verabredet.

Ayse trifft sich mit ___ um ___ Uhr (wo?).
Maria trifft sich mit ___ um ___ Uhr (wo?).
Babsi trifft sich mit ___ um ___ Uhr (wo?).

	Ahmet	Peter	Lutz
Ayse			
Maria			
Babsi			
um 5 Uhr			
um 7 Uhr			
um 8 Uhr			
am Kino			
zu Hause			
im Schwimmbad			

Lerntipp   **gehen, machen, spielen, fahren**

Was passt? Wie viele Beispiele kannst du finden?

… gehen   ins Kino gehen, tanzen gehen, …
… machen   Spaß machen, Frühstück machen, …
… spielen   Tennis spielen, Handball spielen, …
… fahren   Auto fahren, Skateboard fahren, …

8   **Schreib was! Mein Terminkalender**

Was machst du diese Woche? Trage deine Termine in einen Kalender ein.

9   **Sag was! Verabrede dich**

Spiel mit einem Partner. Ihr wollt euch verabreden.

- Was wollt ihr machen?
- Hat dein Partner Lust?
- Hat dein Partner Zeit? Benutze deinen Terminkalender.
- Wann wollt ihr euch treffen?
- Wo wollt ihr euch treffen?

Vokabeltipp   **Film und Fernsehen**

Was läuft im Kino / im Fernsehen?		What's on at the cinema / the TV?	
Im Kino gibt es	**einen Actionfilm**	At the cinema there is	an action film
Im Fernsehen gibt es	**eine Komödie**	On the TV there is	a comedy
	einen Horrorfilm		a horror film
	einen Western		a western movie
	ein Drama		a drama
	einen Liebesfilm		a romance
	ein Musical		a musical
	eine Dokumentation		a documentary
	eine Spielshow		a game show
	eine Talkshow		a talkshow
	eine Sportsendung		a sports programme
	einen Spielfilm		a movie
	eine Fernsehserie		a soap
	einen Krimi		a thriller
	eine Kindersendung		a children's programme
	eine Musiksendung		a music programme

10   **Hör zu! Was für ein Film ist das?**

Schreib den richtigen Buchstaben und mache Sätze.

A   B   C   D   E   F

Beispiel   Kino 1 – D
In Kino 1 gibt es ein Musical.

Kino 1___   Kino 3 ___   Kino 5 ___
Kino 2___   Kino 4 ___   Kino 6 ___

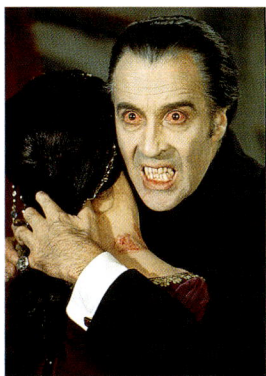

11   **Hör zu! Mein Lieblingsfilm (1)**

Berühmte Leute reden über ihre Lieblingsfilme. Fülle die Tabelle aus.

Name	Lieblingsfilm
Graf Dracula	*Liebesfilme*
Rotkäppchen	
James Bond	
Heidi	

Heidi

12   **Sag was! Mein Lieblingsfilm (2)**

Spiele mit einem Partner. Sieh die Tabelle an und mache ein Interview.

Beispiel   A: Was für Filme sehen Sie gern, *Graf Dracula?*
B: *Ich sehe am liebsten Liebesfilme.*

w w w .

Was möchtest du heute Abend machen?
Here you can order tickets for all kinds of events from theatre to rock music:

- www.tix-online.de
- www.theaterkasse.de
- www.ticketworld.de
What's on in Berlin:
- www.berlin-ticket.de

What's on in Vienna:
- www.culturall.com
Kino und Fernsehen:
- www.CyberKino.de
- www.tvmovie.de

13 **Wann siehst du fern?**

Ich bin immer ganz genervt, wenn in der Schule über Filme gesprochen wird, die abends später im Fernsehen laufen. Die darf ich nicht sehen und kann dann nie mitreden. Manche haben sogar ihren eigenen Fernseher im Zimmer.
Tschüs, euer Tom

Im Fernsehen gibt es echt gute Sendungen, aber man muss eine Weile suchen, bis man bei 30 Kanälen etwas Tolles findet. Am liebsten sehe ich MTV.
Antonia

Am liebsten gucke ich „Die Simpsons", die sind voll cool. Und „Löwenzahn", weil der auch Kompliziertes so einfach erklärt.
David

Also ich weiß gar nicht, warum meine Eltern oft meckern, wenn ich vor dem Fernseher sitze. Der größte Fan von „Marienhof" und „Verbotene Liebe" ist nämlich meine Mutter. Wenn sie mal eine Folge verpasst, ist sie richtig genervt. Überhaupt gucken Erwachsene viel mehr Fernsehen als wir Kinder und deshalb lasse ich mich gar nicht mehr anmeckern.
Tina

Lies was! David, Antonia oder Tina?

1 Wer sieht am liebsten MTV?

2 Wer lässt sich gar nicht mehr anmeckern?

3 Wer darf Filme nicht sehen, die abends später im Fernsehen laufen?

4 Wer schaut am liebsten die Simpsons?

Aussprache

Rrrrr!

Hör zu und wiederhole!
So spricht man das deutsche **r** aus:
Rechts ist ein richtig ruhiges Restaurant.
Ritas rote Ratte rasiert sich.

Kulturtipp **Verwandte Sprachen**

German and English come from the same "language family". Very early English sounded a lot like very early German. If you look closely, you can still find similarities.

Sometimes only a few sounds have changed.
A **t** in German often became a **d** in English.
t → d: **t**anzen – **d**ance   Be**tt** – be**d**
A **k** in German is often a **c** in English.
k → c: **k**omm – **c**ome   Musi**k** – musi**c**

What are the English words for: **Garten**, **alt**, **Tür**, **Tag**?
What are the English words for: **Katze**, **Keller**, **kalt**?

Sometimes, the meaning has also changed a little:
Hund (a dog)   hound
Stuhl (a chair)   stool

14   Lied: TV-Total

Hör zu und beantworte die Fragen auf Englisch.

1   How does this person begin his day?

2   Name at least three types of programmes he watches.

3   What is the singer's attitude to television?

4   What do you think of this attitude to television?

Ich steh auf und mach die Glotze an.
Frühstücksfernsehen ist voll gut.
Ohne TV läuft hier gar nichts.
Dann geht's mir gar nicht gut.

Fernsehen, fernsehen,
ich liebe nur mein Fernsehen.
Fernsehen, fernsehen,
was läuft denn jetzt im Fernsehen?

Vormittags gibt's 'ne Gameshow,
und Fernsehserien pur.
Am Mittag kommt 'ne Talkshow,
Kinderfilme um drei Uhr.

Fernsehen, fernsehen,
ich liebe nur mein Fernsehen.
Fernsehen, fernsehen,
was läuft denn jetzt im Fernsehen?

Am Nachmittag gibt's Western,
die Nachrichten um sechs.
Am Abend kommt ein Horrorfilm,
und der Actionfilm „Mad Max".

Fernsehen, fernsehen,
ich liebe nur mein Fernsehen.
Fernsehen, fernsehen,
was läuft denn jetzt im Fernsehen?

Ob Musical, ob Drama,
für Kinder oder Sport,
ich seh mir einfach alles an.
Das Fernsehen ist mein Freund.

Fernsehen, fernsehen,
ich liebe nur mein Fernsehen.
Fernsehen, fernsehen,
mein liebes, liebes Fernsehen!

15   Sag was! Meine Freizeit

Frage deinen Partner.

1	Was sind deine Hobbys?	Meine Hobbys sind … .
2	Bist du in einem Verein?	Ja / nein, … .
3	Siehst du gern fern?	Ja / nein, ich sehe (nicht) gern fern.
4	Hast du einen eigenen Fernseher?	Ja / nein, … .
5	Wie oft siehst du pro Tag fern?	Ich sehe … Stunden pro Tag fern.
6	Was für Sendungen siehst du gern?	Ich sehe gern … .
7	Wie heißt deine Lieblingssendung?	Meine Lieblingssendung heißt … .
8	Welche Sendung findest du doof?	Ich finde … doof.
9	Wie heißt dein Lieblingsschauspieler?	Mein Lieblingsschauspieler heißt … .
10	Wie heißt deine Lieblingsschauspielerin?	Meine Lieblingsschauspielerin … .

Leseseite ··········
········· suche nette Brieffreunde/-freundinnen

Hi Leute!
Ich komme aus Heinsberg in der Nähe von Köln. Meine Hobbys sind singen, tanzen, telefonieren und Tennis.
Bettina
=========================
=========

Hallo ihr,
seid ihr zufällig zwischen 12–13 Jahre alt? Ja? Dann schreibt mir schnell, denn mein Briefkasten verhungert. Meine Hobbys: mit meiner Katze spielen, im Internet surfen, malen (in der Kunstschule), Briefe schreiben …
Christina

Hallo!
In meiner Freizeit skate ich am liebsten mit Freunden durch die Gegend. Manchmal fahren wir zu bestimmten Plätzen, wo wir auch andere Skater aus meiner Klasse treffen. Im Sommer gehe ich eigentlich jeden Tag ins Freibad. Weil ich nicht in tausend Sportgruppen bin, habe ich auch nicht so viele Termine.
Daniel

===============================
Hallo, ich habe jede Woche sehr viel Spaß. Mein Terminkalender ist nämlich fast jeden Tag voll. Montags bin ich bei der Kunstschule, dienstags habe ich Volleyball, mittwochs bin ich beim Turnen, donnerstags habe ich wieder Volleyball, freitags freue ich mich immer auf Montag. Am Wochenende habe ich meistens Spiele. Obwohl ich fast jede Woche was zu tun hab, macht es mir immer Spaß.
Klaus
===============================

Finde im Text:
1 Surfing the net
2 I go to the swimming baths every day in summer.
3 I look forward to Monday.
4 Although I have something to do nearly every week

Beantworten die Fragen auf Deutsch:
1 Wer wohnt in der Nähe von Köln?
2 Wer geht im Sommer oft ins Freibad?
3 Wer hat am Wochenende meistens Spiele?
4 Wer surft im Internet?
5 Wer telefoniert oft mit Freunden?
6 Wer hat eine Katze?

Schreib Bettina, Christina, Daniel oder Klaus.

Aussagesätze

These are the key phrases you have learned in this chapter:

Was machst du in deiner Freizeit?	*What do you do in your free time?*
Was machst du am Wochenende?	*What do you do at the weekend?*
In meiner Freizeit spiele ich Gitarre.	*In my free time I play the guitar.*
Ich interessiere mich für ... (+ noun).	*I'm interested in ... .*
Was ist dein Hobby?	*What's your hobby?*
Mein Hobby ist	*My hobby is ... .*

Was machst du gern?	*What do you like doing?*
Was machst du nicht so gern?	*What don't you like doing?*
Was machst du am liebsten?	*What do you like doing best?*
Magst du ... ?	*Do you like ... ?*
Ich liebe	*I love ... .*

Ich bleibe viel zu Hause.	*I stay at home a lot.*
Ich gehe (sehr) gern ins Kino.	*I like going to the cinema (very much).*
Ich gehe nicht gern ins Theater.	*I don't like going to the theatre.*
Ich gehe lieber ins Konzert.	*I prefer to go to concerts.*

Bist du in einem Verein?	*Are you a member of a club?*
Ich gehe abends in den Verein.	*I go to the club in the evening.*
Ich mache Fotos.	*I take photos.*
Ich bin in einer Tennismannschaft.	*I am in a tennis team.*
Ich bin in einem Sportverein.	*I am in a sports club.*
Ich singe im Chor.	*I sing in the choir.*

Ich sammle Briefmarken.	*I collect stamps.*

Was machst du heute Abend?	*What are you doing tonight?*
Hast du morgen Zeit?	*Are you free tomorrow?*
Gehen wir ins Kino?	*Shall we go to the cinema?*
Möchtest du in die Stadt gehen?	*Would you like to go to town?*
Sollen wir ins Café gehen?	*Shall we go to the café?*

Ich habe Zeit.	*I've got time.*
Ja, gerne.	*Yes, I'd like that.*
Nein, danke.	*No, thank you.*
Es tut mir Leid.	*I'm sorry.*
Ich habe keine Zeit.	*I'm too busy.*

Ich habe keine Lust.	*I don't feel like it.*
Wann sollen wir uns treffen?	*When shall we meet up?*
Sollen wir uns um 6 Uhr treffen?	*Shall we meet up at 6 o'clock?*
Ja, das ist in Ordnung.	*Yes, that's fine.*
Nein, das geht nicht.	*No, that's no good for me.*
Das ist zu früh / zu spät.	*That's too early / too late.*
Wo sollen wir uns treffen?	*Where shall we meet?*
Wir treffen uns bei mir / dir.	*We'll meet at my / your house.*
Ist das in Ordnung?	*Is that okay?*

Was läuft im Kino / im Fernsehen?	*What's on at the cinema / the TV?*
Im Kino läuft ein Actionfilm.	*There is an action film on at the cinema.*
Im Fernsehen gibt es eine Spielshow.	*On the TV there is a game show.*

Grammatik

1   gern, lieber and am liebsten

We have learned how to use **gern**, **lieber** and **am liebsten** with a verb:

e.g. Ich **spiele gern** Fußball.

Ich **spiele lieber** Fußball.

Ich **gehe am liebsten** ins Theater.

2   zu

We have also looked at the use of **zu** with verbs.

e.g. Hast du Lust, Tennis **zu spielen**?

Ich habe keine Lust, ins Kino **zu gehen**.

There is normally a comma in the middle of the sentence.

If a separable verb stands at the end of the sentence, the **zu** is placed between the prefix and the verb:

e.g. Ich habe keine Lust, früh auf**zu**stehen.

3   Modalverben

We looked at the six modal verbs which are very commonly used in German:

können	to be able to, "can"	**müssen**	to have to, "must"
wollen	to want to	**mögen**	to like
sollen	to be supposed to, to be meant to, to be due to		
dürfen	to be allowed to, "may"		

Modal verbs are very often used with an infinitive, which ends in **-n** or **-en** and goes to the end.

Note: you do not need to use **zu** with these verbs

e.g. Du **musst** im Haushalt **helfen**.   You **must help** in the house.

Heinz **will** ein Eis **kaufen**.   Heinz **wants to buy** an ice-cream.

4   Präpositionen: Dativ oder Akkusativ?

An, **auf**, **hinter**, **in**, **über**, **unter**, **neben**, **vor** and **zwischen** are prepositions which can have *either* the **dative** *or* the **accusative** case following them.

We learned that we had to use the **dative** for **position** and **accusative** for **movement**.

e.g. Ich wohne **in der** Stadt. *(dative)*

Ich gehe **in die** Stadt. *(accusative)*

Sometimes the preposition and the word following join together to form one word.

     an + das = ans

     an + dem = am

     auf + das = aufs

     in + das = ins

     in + dem = im

e.g. Ich fahre **ins** Ausland.

Meine Tante wohnt **im** Ausland.

Lernziele

In Unit 8A you will learn how to
- *Talk about what you like to eat and drink*

1 **Liebe geht durch den Magen – Teil 1**

Lies den Cartoon und hör zu!

Was ist ein typisch deutsches Essen?

Laura und Yasemin kochen ein Essen für Matthias. Er hat heute Geburtstag.

Ich weiß nicht. Zu Hause kochen wir türkisch.

Sauerkraut … Würstchen … Kartoffeln …

Mag Matthias Sauerkraut?

Bestimmt!!! Alle Deutschen mögen das!

Und Österreicher?

Wie viel Salz brauchen wir für die Kartoffeln?

Ich weiß nicht. Viel!

Und, wie schmeckt das Sauerkraut?

Wir brauchen Zucker!

Uuuh! Viel zu sauer!

Ich decke den Tisch.

Ich koche die Würstchen. Oh! Es klingelt! Die Gäste sind schon da!

Erste Hilfe

Liebe geht durch den Magen.	The way to a man's heart is through his stomach.
typisch deutsches Essen	typical German food
kochen	to cook
Sauerkraut (n.)	pickled, cooked cabbage
die Gäste	the guests

2 **Sag was! Fragen zum Cartoon**

1 Why are the girls cooking a meal?
2 What are they cooking?
3 Why did they choose these things?
4 Do you think you would enjoy the meal? Give reasons.

Vokabeltipp — Hast du Hunger?

Are you hungry?

der Apfel	apple	der Honig	honey	der Reis	rice
die Apfelsine	orange	der / das Joghurt	yoghurt	der Salat	salad
die Banane	banana	die Kartoffeln (pl.)	potatoes	das Salz	salt
das belegte Brot	sandwich	der Käse	cheese	der Schinken	ham
die Bockwurst	Frankfurter sausage	der Ketchup	ketchup	die Schokolade	chocolate
der Braten	meat roast	die Kirsche	cherry	der Senf	mustard
die Bratwurst	fried sausage	der Kuchen	cake	die Suppe	soup
das Brot	bread	die Nudeln	pasta	die Tomate	tomato
das Brötchen	crusty roll	die Möhren	carrots	die Torte	gateau
die Butter	butter	die Marmelade	jam	die Wurst / das Würstchen	sausage
die Chips	crisps	die Pizza	pizza		
das Ei	egg	die Pommes (Frites)	chips	die Zitrone	lemon
das Eis	ice cream	der Pfeffer	pepper	der Zucker	sugar
die Erdbeere	strawberry				
die Cornflakes	cornflakes				
das Hähnchen	(fried) chicken				

Pass auf!

die Marmelade = jam	die Orangenmarmelade = marmalade
die Pommes (Frites) = chips	die Chips = crisps

Vokabeltipp — Hast du Durst?

Are you thirsty?

der Apfelsaft	apple juice
das Bier	beer
der Kaffee	coffee
die Limonade	lemonade
die Milch	milk
das Mineralwasser	mineral water
der Orangensaft	orange juice
der Wein	wine
der Tee	tea

Lerntipp — Deutsches Essen und Trinken

What kinds of German food, or food with German names, can you find in your local supermarket? Make a list and have a taste! German-owned supermarkets chains often have labels in both German and English, and you can find many German products there.

3　**Sag was! Was isst die Familie Gruber?**

Sieh dir die Bilder an. Was essen Herr und Frau Gruber und Marianne? Schreibe Sätze und spiele mit einem Partner.

Beispiel　　Herr Gruber isst zum Frühstück *drei Brötchen* und … und…
　　　　　　Er trinkt zum Frühstück … .
　　　　　　Er isst zum Mittagessen … .
　　　　　　Er trinkt zum Mittagessen … .
　　　　　　… zum Abendessen … .

	Herr Gruber	**Frau Gruber**	**Marianne**
Frühstück			
Mittagessen			
Abendessen			

Lerntipp　**isst oder ist?**

Das **ist** Gabi.　This **is** Gabi.
Sie **isst** Pizza.　She **eats** pizza.

4　**Sag was! Was isst du?**

Was isst du normalerweise zum Frühstück? Mach eine Liste und vergleiche mit deinem Nachbarn.

5 **Lied: Wir haben Hunger!**

Wir haben Hunger, Hunger, Hunger,
haben Hunger, Hunger, Hunger,
haben Hunger, Hunger, Hunger,
haben Durst!

Wenn wir nichts kriegen, kriegen, kriegen,
essen wir Fliegen, Fliegen, Fliegen,
essen wir Fliegen, Fliegen, Fliegen
von der Wand.

Wenn die nicht schmecken, schmecken, schmecken,
essen wir Schnecken, Schnecken, Schnecken,
essen wir Schnecken, Schnecken, Schnecken,
und werden krank.

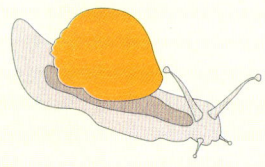

Erste Hilfe

kriegen   to get
Fliegen   flies
Schnecken   snails
krank werden   to get ill

Vokabeltipp **Was magst du?**

Was isst / trinkst du gern? What do you like to eat / to drink?
Was ist dein Lieblingsessen? What is your favourite food?
Magst du gern …? Do you like … ?
Schmeckt dir das? Do you like it?

Das schmeckt mir gut / nicht so gut / gar nicht.
Das ist (nicht) lecker.
Das mag ich (nicht).

Pass auf!

With schmecken you need the dative case.
Look at the examples:

e.g. Wie schmeckt **dir** Kaffee?
Mir schmeckt Kaffee nicht.

Pass auf!

👍 Matthias **mag** Brötchen (**gern**).
Matthias **isst** gern **Brötchen**.
Matthias' **Lieblingsessen sind** Brötchen.
👎 Matthias **mag** Tee **nicht**.
Matthias **trinkt nicht gern** Tee.

w w w . **Essen und Trinken**
Hier kannst du die Spezialitäten ansehen.
Brot:
● w w w . r u d e r t i n g e r − b a u e r n b r o t . d e
Wurst:
● w w w . h e n k e l m a n n . d e
● w w w . s t a n g l m e i e r . c o m
● w w w . m a g o − w u r s t . d e
Süße Spezialitäten:
● w w w . d e m e l . a t (Wiener Schokolade)
● w w w . l e b k u c h e n − s c h m i d t . d e (Lebkuchen)

Sprachtipp

Personal Pronouns

We have already seen how we use personal pronouns instead of names or nouns to "streamline" our German. In English, as in German, pronouns change according to their case:

e.g. Ich sehe den Mann.

> (**ich** is nominative, the subject of the verb)
>
> Der Mann sieht **mich**.
>
> (**mich** is accusative, the direct object of the verb)
>
> Der Mann gibt **mir** das Buch.
>
> (**mir** is dative, the indirect object of the verb)

This table will help you decide which pronoun you need to use:

Nominative	Accusative	Dative
ich (I)	mich (me)	mir (to me)
du (you)	dich (you)	dir (to you)
er (he, it)*	ihn (him, it)*	ihm (to him, it)*
sie (she, it)*	sie (she, it)*	ihr (to her, it)*
es (it)	es (it)	ihm (to it)
wir (we)	uns (us)	uns (to us)
ihr (you)	euch (you)	euch (to you)
Sie (you)	Sie (you)	Ihnen (to you)
sie (they)	sie (they)	ihnen (to them)

Pass auf!

Remember: There are three ways of saying "you" in German – and each one has its own accusative and dative forms.

* **Er**, **sie** and **es** can all mean "it", depending on whether the "thing" is masculine, feminine or neuter.

Übung: Ersetze die unterstrichenen Wörter mit einem Pronomen!

1 <u>Hans</u> gibt eine Party.

2 <u>Anja</u> spricht mit <u>Peter</u>.

3 Sie sagen <u>dem Kellner</u>, was sie essen möchten.

4 <u>Yasemin und Pia</u> rufen <u>Heinz</u> an.

5 <u>Mein Bruder und ich</u> fahren mit <u>den Mädchen</u> in die Stadt.

6 Ich kaufe <u>ein Buch</u> für <u>meinen Vater</u>.

---

6   Mein Lieblingsessen (1)

Wer mag was am liebsten? Schreib die richtigen Buchstaben neben die Namen.

A   B   C

D   E

Yasemin: *E*

Matthias:

Laura:

Heinz:

Pia:

7   Mein Lieblingsessen (2)

Hör dir die Kassette noch mal an. Schreib Sätze.

Beispiel   Yasemin isst am liebsten *Eis*.

Matthias isst am liebsten … .

Laura … .

8   Mein Lieblingsessen (3)

Frag deine Mitschüler und mach eine Liste.

● Was ist dein Lieblingsessen? Ich esse am liebsten… .

● Was magst du nicht so gern? Ich mag nicht so gern…

Vokabeltipp   Wie schmeckt das?

Das schmeckt	lecker	That tastes	delicious
Das ist (zu)	süß / sauer / scharf / mild /	That is (too)	sweet / sour / hot, spicy / mild, bland /
	salzig / bitter / fettig / heiß /		salty / bitter / greasy / hot /
	warm / kalt		warm / cold

9   Schreib was! Wie schmeckt das?

- Was schmeckt süß? Was ist salzig? Was ist scharf?
- Trage die Sachen in die Tabelle ein.
- Kannst du noch mehr Beispiele finden?
- Schreibe ganze Sätze.

Beispiel   *Chilli schmeckt scharf.*

süß	sauer	salzig	scharf	bitter	fettig	mild
			Chilli			

Kulturtipp   Spezialitäten

Erste Hilfe

viele verschiedene	many different
Arten	types (of)
das Gericht	the meal

Es gibt viele verschiedene Arten Brot und Wurst in Deutschland, in Österreich und in der Schweiz. Das Brot ist ganz anders als in Großbritannien! Die Leute essen auch gern Fleisch, besonders Braten.

Sauerkraut (*cooked and pickled white cabbage*) und Rotkohl (*cooked red cabbage, often with apple and raisins*) sind typisch deutsch. Das gibt es oft in Süddeutschland.

Man isst in Österreich oft eine klare Suppe als Vorspeise und ein süßes Gericht als Hauptgericht, z.B. Kaiserschmarrn (*a sweet shredded currant pancake*) oder Knödel mit Apfelsoße (*dumplings in apple sauce*). Wiener Schnitzel ist ein berühmtes Fleischgericht (*veal escalope in a crispy batter*). Man kann gut Kuchen und Süßes essen. Typisch sind Sachertorte (*a rich chocolate gateau*) und Mozartkugeln (*a type of chocolate*).

In der Schweiz gibt es besonders guten Käse! Kennst du Emmentaler Käse? Typische Käsegerichte sind Raclette (*cheese is melted in little pans at the table and poured on fresh bread*) und Fondue (*a pot of hot cheese sauce is placed on the table for everyone to dip their bread into.*)

10   Lies was! Das darf ich nicht essen (1)

Manche Leute können nicht essen, was sie möchten. Krankheiten oder Allergien verbieten ihnen, bestimmte Dinge zu sich zu nehmen. Andere Menschen entscheiden sich freiwillig, auf einige Arten von Lebensmitteln zu verzichten.

Kemal G.

Ich habe eine Allergie gegen Milcheiweiß. Alle Speisen und Getränke, in denen Milch oder Milchprodukte enthalten sind, darf ich nicht essen oder trinken. Für mich gibt es also keine Butter oder Milch, keinen Joghurt oder Käse. Ich habe diese Allergie schon, seit ich ein Kind war.

Anne W.

Ich bin Diabetikerin. Ich muss dreimal täglich Insulin spritzen. Ich darf nicht so viel Zucker essen, oder Lebensmittel, in denen Zucker enthalten ist. Kuchen, Schokolade und Eis, das sind für mich Tabus.

Martin H.

Leider bin ich in letzter Zeit ein bisschen zu dick geworden. Jetzt versuche ich, abzunehmen. Ich treibe viel Sport und ich versuche, keine fettigen Sachen, z.B. Pizza oder Pommes zu essen. Und ich trinke keine süße Limonade mehr – lieber Mineralwasser. Ist ja auch gesünder.

Ljuba M.

Ich darf zwar alles essen, aber ich will nicht! Ich bin nämlich Vegetarierin. Ich esse keine Tierprodukte, das heißt kein Fleisch, keinen Fisch, keine Milchprodukte und keine Eier. Ich esse statt dessen Obst und Gemüse und viele Sojaprodukte.

11   Schreib was! Wer darf was nicht essen? Es gibt mehrere Möglichkeiten

A   Kemal G.   **B**   Anne W.   **C**   Martin H.   **D**   Ljuba M.

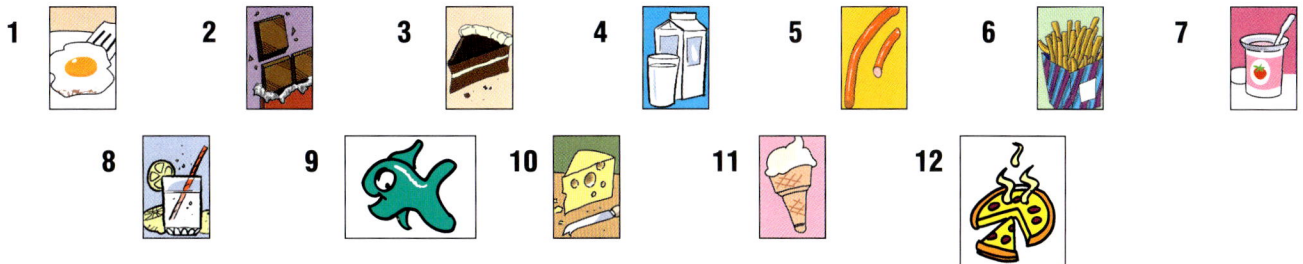

Sprachtipp

Doch

Möchten Sie kein Brot?	*Do you not want any bread?*
Doch! Ich möchte Brot!	*No, (you are wrong) I do want bread.*

When you *disagree* with a negative question or statement, you have to say **Doch!**

You can also use **doch** when you disagree with a negative statement.

e.g. Du kannst nicht gut Fußball spielen. Doch!
     You can't play football well.   *Oh yes, I can!*

Doch can also be used as a fill-in word if you want to disagree.

e.g. Das geht doch nicht!   *That's not possible!*

12   Das darf ich nicht essen (2)

Spiel mit einem Partner. Stelle Fragen mit **kein**. Antworte mit **ja** oder **doch**.

Beispiel
A: Darf Kemal keine Eier essen?
B: Doch, Kemal darf Eier essen!

A: Darf Kemal keine Milch trinken?
B: Nein, Kemal darf keine Milch trinken.

Einheit B   Ich möchte etwas bestellen!

Lernziele

In Unit 8 B you will learn how to
- *order a meal and express preferences*

---

1   **Liebe geht durch den Magen – Teil 2**

Lies den Cartoon und hör zu!

Herzlichen Glückwunsch zum Geburtstag!

Wer sitzt hier?

Mein Bruder Markus. Er ist zu spät.

Hallo Pia! Ich kann nicht rein. Hier ist eine Treppe!

Oh je! Das tut mir Leid!

Wartest du schon lange?

Nein.

Möchtest du etwas Sauerkraut?

Oh! Die Bockwurst ist ja kalt!

Igitt! Die Kartoffeln sind viel zu salzig!

Und das Sauerkraut schmeckt süß! Oh je!

Das macht doch nichts. Ich esse keine Würstchen. Ich bin Vegetarier.

Sollen wir Pommes Frites bestellen?

Oh ja! Mein Lieblingsessen!

Erste Hilfe

Wartest du schon lange?	Have you been waiting a long time?
Igitt!	Yuk!
der Vegetarier	vegetarian
bezahlen	to pay

2 Schreib was!

Beantworte die Fragen auf Deutsch.

1 Wer ist Markus?   Er ist Pias ___ .

2 Markus hat ein Problem. Was ist das Problem?

3 Wie schmecken die Kartoffeln?

4 Wie ist die Bockwurst?

5 Wie schmeckt das Sauerkraut?

6 Was isst Matthias nicht?

7 Was wollen alle essen?

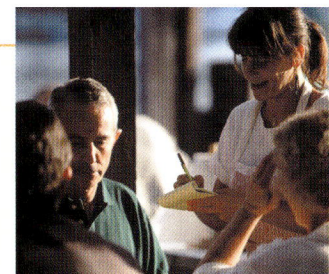

Vokabeltipp Essen bestellen

die Speisekarte	menu	*die Beilage*	side dish
die Vorspeise	starter	*der Nachtisch / das Dessert*	dessert
die Tagessuppe	soup of day	*der Kellner*	waiter
das Hauptgericht	main course	*die Bedienung*	waitress

Wir möchten bitte einen Tisch für vier.	We would like a table for four, please.
Ich möchte bitte bestellen.	I would like to order, please.
Was möchten Sie essen / trinken?	What would you like to eat / drink? /
Was nehmen Sie?	What are you having?
Ich möchte bitte eine Suppe. / Für mich … .	I would like a soup, please. / For me … .
Sonst noch etwas?	Anything else?
Das ist alles.	That's all.

3 Hör zu und schreib was! Im Restaurant

Füll die Sprechblasen aus.

1

2

3

4

A Was möchten Sie trinken?

B Wer hat den Saft?

C Was möchten Sie essen?

D Ich möchte eine Tagessuppe, bitte.

E Was möchtest du essen, Patrick?

F Möchten Sie einen Tisch für vier?

G Für mich eine Cola, bitte.

H Der Saft ist für mich, danke.

I Und die Speisekarte, bitte.

J Ja, bitte.

Kulturtipp   Konditoreien

Am Nachmittag gehen viele Leute ins Café oder in die Konditorei. Hier kann man Kuchen oder Torten essen. Dazu trinkt man Kaffee oder Kakao (*hot chocolate*) mit Schlagsahne (*whipped cream*). Im Sommer gehen die Leute auch gern in ein Eiscafé oder eine Eisdiele. Hier kann man viele verschiedene Sorten Eis essen. Es gibt tolle Eisbecher mit Sahne und Früchten!

Sprachtipp

ich möchte

We have already met **mögen** (to like), but the most useful form of the verb is

ich möchte ...

e.g. Ich möchte Tennis spielen.
I would like to play tennis.
Was möchtest du machen?
What would you like to do?
Ich möchte ein Eis, bitte.
I would like an ice cream.

---

4   **Schreib was! Was bestellen Sie?**

Sieh dir die Speisekarte an. Was denkst du, wer bestellt was? Mach Sätze.

Beispiel   *Frau Bickerbecker möchte die Tagessuppe und ... .*

Frau Berta Bickerbecker   **Herr Jürgen Ernst**   **Sabinchen**   **Dr. Klaus van Gemmern**

Gasthaus zum Wilden Hund

VORSPEISEN

Tagessuppe	€ 1,50
Melone mit Schinken	€ 2,50
Krabbencocktail	€ 3,00

HAUPTGERICHTE

Bratwurst mit Pommes Frites	€ 3,30
Rindersteak mit Butterkartoffeln und Pfeffersauce	€ 9,80
Schweinebraten in Sauce mit Knödeln und Rotkohl	€ 6,00
Grillhähnchen mit Gemüsereis	€ 4,20
Nudeln mit Käsesauce	€ 3,00

BEILAGEN

Kleiner gemischter Salat	€ 1,00
Tomatensalat	€ 1,20
Gemüse der Saison	€ 1,00

NACHTISCH

Gemischtes Eis mit Sahne	€ 1,50
Obstsalat mit Sahne	€ 1,50
Warmer Apfelstrudel mit Eis oder Sahne	€ 2,50
Schwarzwälder Kirschtorte	€ 2,00

WARME GETRÄNKE

Tasse Kaffee / Tee	€ 1,20
Kännchen Kaffee / Tee	€ 2,00

KALTE GETRÄNKE

Limonade / Cola / Mineralwasser	€ 0,70
Verschiedene Säfte	€ 1,20

Vokabeltipp **Bezahlen**

Die Rechnung, bitte!	The bill, please.
Was hatten Sie zu essen / trinken?	What did you have to eat / drink?
Ich möchte bitte bezahlen.	I would like to pay.
Kann man mit Kreditkarten bezahlen?	Can I pay by credit card?
Das macht zusammen 35 Euro.	That's 35 Euro altogether.
Stimmt so.	Keep the change.

---

5   Hör zu! Stimmt das?

Sieh dir die Speisekarte an und hör zu. Stimmt die Rechnung?

Gast 1

```
1 x Tagessuppe        1,00
1 x Grillhähnchen     1,20
1 x Kaffee            2,00
                      ====
                      5,20
```

Gast 2

```
1 x Rindersteak             9,80
1 x Tomatensalat            4,20
1 x Apfelstrudel m. Sahne   2,50
1 x Mineralwasser           0,70
                            ===
                            17,20
```

---

6   Sag was! Im Restaurant

Macht ein Rollenspiel. Ihr seid im „Restaurant zum Wilden Hund". Einer spielt den Kellner, die anderen sind die Gäste.

- Sagt, wie viele ihr seid
- Bestellt die Getränke
- Bestellt das Essen
- Bezahlt das Essen
- Wie hat es geschmeckt?

Kulturtipp   WC

Das musst du wissen:

Damen   **Herren**

Diese Schilder bedeuten „Toilette":

00	WC	Toiletten

Eine nützliche Frage:
Entschuldigung, wo ist bitte die Toilette?

In Germany and Austria all places where you can sit down to eat or drink are required by law to have public toilets.

7 Hör zu! Frühstück bei Familie Schuh

Heinz hat David zum Sonntagsfrühstück eingeladen. Füll die Lücken aus.

Frau Schuh:	Guten Morgen, David. _____(1)_____!
David:	Guten Morgen! Danke.
Frau Schuh:	Möchtest du einen Kaffee?
David:	Nein danke, _____(2)_____. Darf ich einen Tee haben?
Frau Schuh:	Natürlich, David. Tee mit Zitrone?
David:	Nein, lieber _____(3)_____, bitte.
Heinz:	Hallo David! Morgen, Mama, Morgen Papa. Guten Appetit!
Herr Schuh:	Danke gleichfalls, Heinz.
Heinz:	_____(4)_____?
Herr Schuh:	Es gibt Brötchen, gekochte Eier, Käse und Wurst. Was möchtest du?
Heinz:	Kannst du mir bitte die Brötchen reichen?
Herr Schuh:	Hier, bitte.
David:	_____(5)_____?
Herr Schuh:	Natürlich, David. Greif zu!
Frau Schuh:	Möchtest du noch etwas Tee, David?
David:	Nein, danke, _____(6)_____. Der Tee ist sehr lecker, Frau Schuh!
Frau Schuh:	Oh, danke David!
David:	Haben Sie auch Marmite?
Heinz:	Marmite? Was ist das denn?
David:	Och, ich glaube, das gibt es nur in Großbritannien.

a Darf ich auch ein Brötchen haben?
b Kaffee mag ich nicht so gern
c Was gibt es zum Frühstück?
d Setz dich!
e mit Milch und Zucker
f ich habe noch Tee

Vokabeltipp Am Tisch

Setz dich, bitte.	Please sit down!
Was gibt es zum Mittagessen?	What's for lunch?
Greif zu!	Help yourself!
Kannst du mir bitte … reichen?	Could you pass …, please?
Gibst du mir bitte …?	Could you hand me …, please.
Darf ich (noch) … haben?	Could I have (another) …?
Möchtest du noch mehr …?	Would you like some more …?
Ja, bitte.	Yes, please.
Nein, danke ich habe noch …	No thank you, I still have some …
Ich bin schon satt.	I'm full up already.
Schmeckt es dir?	Do you like it?
Das schmeckt sehr gut!	That tastes very nice!
Das schmeckt mir nicht so gut.	I'm not so keen on that.

Kulturtipp Guten Appetit!

When you are eating with a German family, it is impolite to start eating without saying anything. First you should say

Guten Appetit! or **Mahlzeit!**

Bon Appetit! or Enjoy your meal!

If someone says **Guten Appetit** to you, you answer:

Danke, gleichfalls!   Thank you, the same to you!

When people drink alcoholic drinks they say:

Prost! or **Zum Wohl!**   Cheers!

> Danke gleichfalls!
>
> Prost!
>
> Guten Appetit!

---

8 Sag was! Wie sagt man das?

How do you say these expressions in German?

1 Enjoy your meal!
2 What's for dinner?
3 Help yourself!
4 I'm full up.
5 May I have some more bread, please?
6 Could you pass the salt, please?
7 Cheers! (when having a drink)

---

9 Rollenspiel

Schreib ein Rollenspiel. Du bist zu Gast bei einer deutschen Familie. Du isst dort dein Abendessen. Deine Freunde sind der deutsche Vater und die deutsche Mutter. *Make up a role play. You are staying with a German family. You eat your evening meal there. Your friends play the parts of the German mother and father.*

10 Hör zu! Eine Telefonbestellung

Beantworte die Fragen auf Deutsch.

1 Woher kommt Marco?
2 Was für eine Pizza will Frau Albrecht?
3 Will sie eine große oder eine kleine Portion Pommes?
4 Was bestellt sie noch?
5 Wird Marco die Pizza bringen?
6 Wie lange muss Frau Albrecht warten?

Kulturtipp Der Imbiss

Willst du schnell und billig essen? Das geht in einen **Imbiss**. Man sagt auch **Schnellimbiss**, **Schnellrestaurant** oder **Imbissstube** dazu.

Es gibt im Imbiss meistens Pommes Frites und Wurst. Italienische Imbissbuden verkaufen auch Pizza, Salate und Nudeln. Türkische Schnellrestaurants verkaufen Gyros und Döner Kebab.

Man kann das Essen mitnehmen. In manchen Imbissbuden kann man auch sitzen. Viele italienische Schnellrestaurants haben ein Pizza-Taxi. Man bestellt das Essen am Telefon und ein Taxi bringt das Essen nach Hause.

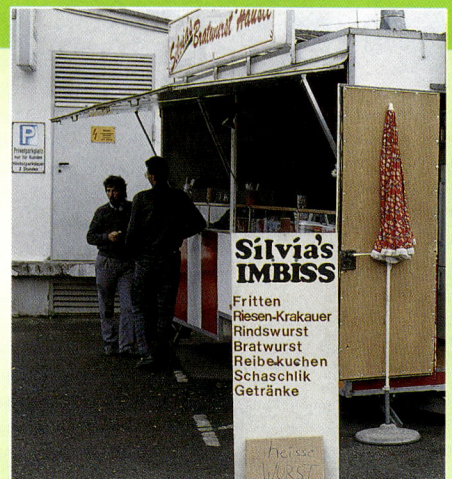

Silvia's IMBISS
Fritten
Riesen-Krakauer
Rindswurst
Bratwurst
Reibekuchen
Schaschlik
Getränke

Einheit C   Ostern

Lernziele

In Unit 8C you will learn how to
● talk about Easter
● talk about how you celebrate occasions

---

1 **Sag was! Osterbilder** ☺☺☺ 💬

Was siehst du auf den Fotos? Gibt es das in deiner Gegend auch? Sieh dir auch den Kulturtipp an.

🌐 **Kulturtipp** **Ostern**

Ostern ist ein großes Fest in den deutschsprachigen Ländern.
Am Ostersonntag bringt der Osterhase den Kindern die Ostereier.
Das sind bunt bemalte Hühnereier und Schokoladeneier. Er versteckt
die Eier im Garten und die Kinder müssen sie suchen.

Oft gibt es ein Osterfrühstück mit der ganzen Familie. Es gibt süße
Brötchen und besondere Osterkuchen. Die Kuchen sehen aus wie ein Lamm.

Nachts gibt es in vielen Orten ein großes Osterfeuer.

Erste Hilfe

Ostern	Easter
ein Fest	a festival
der Osterhase	Easter bunny
das Osterei	Easter egg
bunt bemalt	painted in many colours
verstecken	to hide
suchen	to look for
das Lamm	lamb
das Osterfeuer	Easter bonfire

2 **Lies was! Ein Brief (1)**

Servus!

Wie geht's? Wir haben bald Osterferien. Ich freue mich schon auf Ostern! Karfreitag fahre ich zu meiner Oma. Sie wohnt auf dem Land. Die ganze Familie wird kommen: Onkel, Tanten, Kusinen und Cousins.

Ostersamstag werden wir Eier bemalen und basteln. Ostersonntag werden wir dann ganz früh aufstehen. Wir werden in Omas Garten Ostereier suchen. Ich mag die Schokoladeneier am liebsten.

Dann wird es das Osterfrühstück geben. Ich hoffe, Oma backt wieder ihre leckeren Osterbrötchen, mmmh! Nach dem Essen gehen wir alle in die Kirche. Oma ist katholisch.

Am Abend wird es auf dem Dorfplatz ein großes Feuer geben. Ich hoffe, es wird nicht zu kalt sein! Oder noch schlimmer – regnen!

Leider müssen wir Ostermontag schon wieder nach Linz zurück. Aber ich hab zumindest keine Schule!!!

Hast du auch Osterferien? Wie feiert ihr Ostern? Gibt es bei euch auch Ostereier?

Schreib mir bald! Frohe Ostern!

Deine Katharina

Erste Hilfe

Ich freue mich auf ... .   I'm looking forward to ... .

---

1 Where will Katharina go on Good Friday?
2 Who else will be there?
3 What will she be doing on Saturday?
4 What will she have to look for on Easter Sunday?
5 Where will they go after their meal?
6 What day will she be coming back?

---

w w w .

Ostern
Informationen über Ostern:
● w w w . r a t g e b e r - o s t e r n . d e
Das Oserhasenmuseum:
● w w w . o s t e r h a s e n - m u s e u m . d e
Osterbilder:
● w w w . k e s s i e . d e / o b i l d . h t m

3 **Hör zu! Ostern mit der Band**

Kreuze die richtige Antwort an.

1 Was passiert in den Osterferien?

a Die Band hat nichts zu tun.

b Die Band geht in die Disko.

c Die Band hat einen Auftritt.

d Die Band sucht Ostereier bei Heinz.

2 Wann spielt die Band?

a nächsten Freitag

b am Ostersamstag

c am Ostersonntag

d am Ostermontag

3 Was gibt es im Jugendzentrum?

a Es gibt Osterferien.

b Es gibt ein Ostereiersuchen.

c Es gibt ein Osterspiel.

d Es gibt eine Osterdisko.

4 Was soll Matthias machen?

a Er soll als Roady helfen.

b Er soll Gitarre spielen.

c Er soll tanzen.

d Er soll nicht kommen.

5 Wann und wo treffen sich alle?

a um 5 Uhr bei Pia

b um 4 Uhr an der Disko

c um 5 Uhr am Jugendheim

d um 4 Uhr bei Heinz

> *Erste Hilfe*
>
> *der Auftritt*   appearance (on stage)
>
> *das Jugendzentrum*   the youth club

Aussprache und Wörterbuch

Betonung

Make sure you put the stress in the right place in each word. Most German words are stressed on the first syllable, but be careful when there are prefixes or with foreign words. If you are not sure, ask your teacher, a native speaker or simply use a dictionary. The stressed syllable is usually marked by a little hyphen before the stressed part or by a dot underneath, or it is underlined:

'ein-kaufen   (stress on first syllable)

be-stellen   (stress on second syllable)

Apfel-saft   (stress on the first syllable)

Look up the following words in a dictionary and find out, where the stress is.

Apfel	Schokolade	Vorspeise	Käsekuchen
Apfelsine	Bratwurst	Getränke	bezahlen
Kartoffeln	Mineralwasser	Mittagessen	einkaufen

Now listen carefully to the tape and try to repeat.

S p r a c h t i p p

Inseparable verbs

Inseparable verbs begin with the prefixes **be-**, **ver-**, **er-**, **ent-**, **zer-**, **emp**, **miss-** and **ge-**.

These verbs have two parts, which never separate.

Here are some examples:

e.g. Und ich **bezahle**!

Ich **bestelle** das Essen.

Italienische Imbissbuden **verkaufen** Pizza.

Er **versteckt** Eier im Garten.

Wir werden Eier **bemalen**.

> **Pass auf!**
>
> *Separable verbs* are always stressed on the *first syllable*:
> einkaufen, aufstehen, anziehen
>
> Verbs with an *inseparable prefix* are stressed on the second syllable:
> bezahlen, bestellen

4   **Der Wettbewerb**

Lies und hör zu!

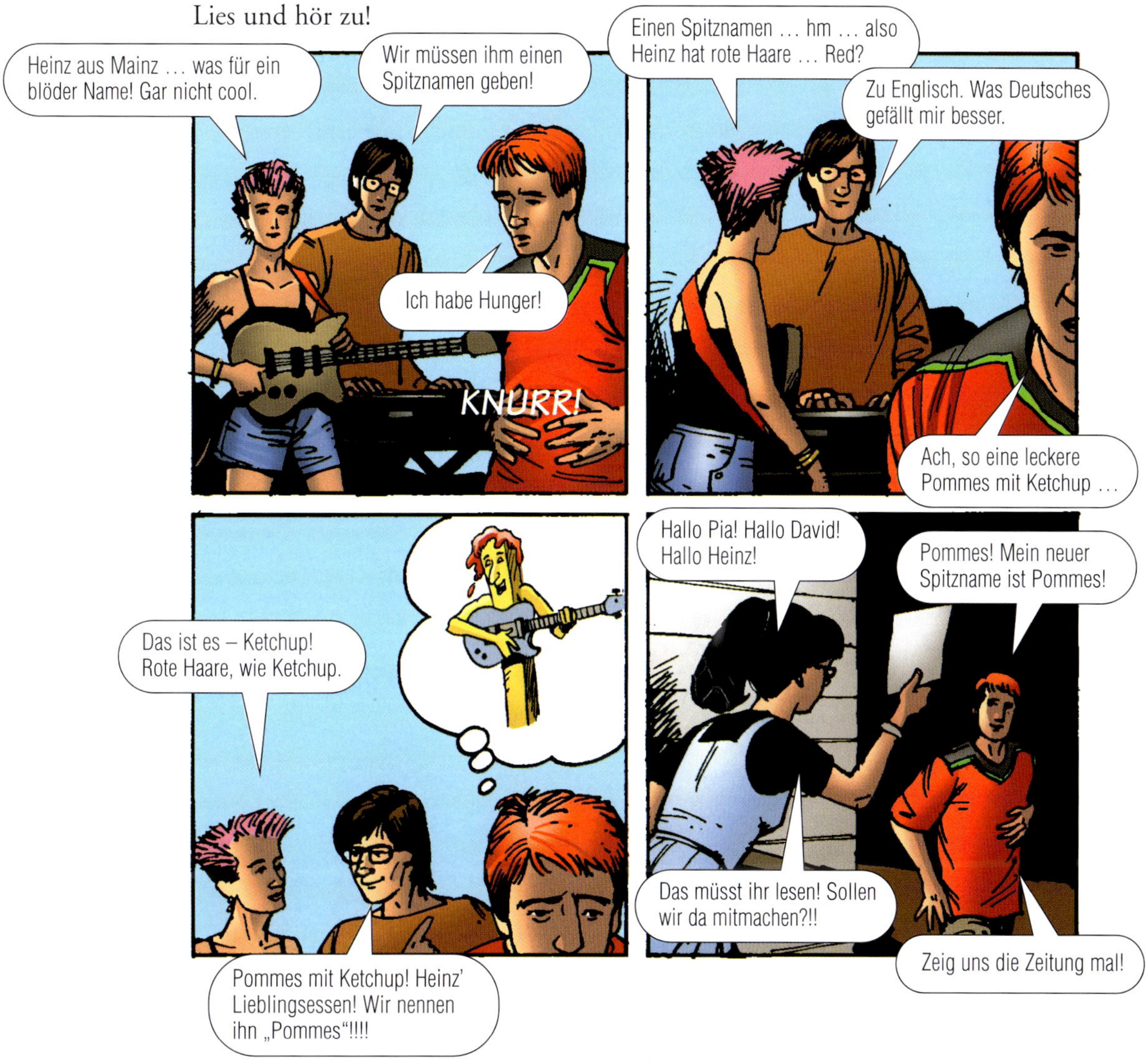

Heinz aus Mainz … was für ein blöder Name! Gar nicht cool.

Wir müssen ihm einen Spitznamen geben!

Ich habe Hunger!

KNURR!

Einen Spitznamen … hm … also Heinz hat rote Haare … Red?

Zu Englisch. Was Deutsches gefällt mir besser.

Ach, so eine leckere Pommes mit Ketchup …

Das ist es – Ketchup! Rote Haare, wie Ketchup.

Pommes mit Ketchup! Heinz' Lieblingsessen! Wir nennen ihn „Pommes"!!!!

Hallo Pia! Hallo David! Hallo Heinz!

Pommes! Mein neuer Spitzname ist Pommes!

Das müsst ihr lesen! Sollen wir da mitmachen?!!

Zeig uns die Zeitung mal!

Wettbewerb
Ein Lied für Berlin

Seid ihr unter 18 Jahren? Habt ihr eine Band? Dann schreibt ein Lied über eure Band und schickt es uns (auf Cassette, CD oder MiniDisk).

Erster Preis
Eine Reise nach Berlin für die ganze Band!

Erste Hilfe

der Spitzname	the nickname
nennen	to call
mitmachen	to take part
die Zeitung	newspaper
der Wettbewerb	competition
ein Lied über	a song about
schicken	to send
erster Preis	first prize
eine Reise	a trip

5   **Beantworte die Fragen auf Englisch!**

1 What is Heinz' problem according to Pia and David?
2 What solution do they come up with?
3 What is Heinz' problem in pictures 1 and 2?
4 What is Heinz' new nickname and why?
5 What is the ad about?
6 What does the band have to do?
7 What can they win?
8 Do you think they will be successful? Give reasons for your answer.

6   **Beantworte die Fragen auf Deutsch!**

1 Was müssen Pia und David Heinz geben?
2 Was gefällt David besser?
3 Wie nennen sie Heinz?
4 Was zeigt Yasemin der Band?

7   **Lied: Der Anstoß-Rap (Ein Lied für Berlin)**

Refrain:

Anstoß! – Hier ist was los!
Wir sind die Anstoß-Band:
Pia – David – Heinz– Yasemin!
Wir tanzen, lachen
und wir machen
alle gern Musik.

1) Pia hat den Groove
   auf ihrem scharfen Bass.
   Sie ist ein bisschen ausgeflippt.
   Sie will 'ne Menge Spaß!

Refrain: Anstoß! – …

2) David macht den Tastensound
   an Keyboard und Klavier.
   Er kommt aus Balerno, Schottland,
   doch jetzt wohnt er hier.

Refrain: Anstoß! – …

3) Pommes hat rote Haare
   wie Ketchup auf Pommes Frites.
   Er singt und spielt Gitarre.
   Das wird bestimmt ein Hit!

Refrain: Anstoß! – …

4) Yasemin spielt bei uns die Drums.
   Sie gibt den Rhythmus an.
   Sie macht Karate, ist gut drauf,
   kommt bei uns voll gut an!

Anstoß! – Hier ist was los!
Hier ist was los!
Hier ist was los!
Anstoß!

Leseseite
Imbiss Pommes

Imbiss Pommes – Mainz Gonsenheim

FRÜHSTÜCK & MITTAGESSEN

Bei uns können Sie Folgendes frühstücken:

- zwei belegte Brötchen und eine Tasse Kaffee für € 2,56
- jedes weitere belegte Brötchen für nur € 1,02

Wenn Sie zu Mittag essen möchten – wir haben ein täglich wechselndes Stammessen aus unserer eigenen Küche.

Den aktuellen Speiseplan können Sie gerne telefonisch erfragen, oder bei uns am Imbiss abholen. Wir nehmen auch Vorbestellungen entgegen: Dann brauchen Sie nicht mehr warten, bis das Essen für Sie fertig ist – nur abholen und essen.

SPEISEKARTE

	Preis		Preis
Bratwurst mit Pommes	€ 2,56	Frikadellenbrötchen	€ 2,05
Curry-Bratwurst mit Pommes	€ 2,71	Schnitzelbrötchen	€ 2,30
Rindswurst mit Pommes	€ 2,81	Cordon Bleu mit Brötchen	€ 2,40
Curry-Rindswurst mit Pommes	€ 3,07	Pommes	€ 1,28
Schnitzel mit Pommes	€ 3,32	4 Reibekuchen mit Apfelmus	€ 1,64
Bratwurst mit Brötchen	€ 1,53	Steakbrötchen	€ 2,81
Curry-Bratwurst mit Brötchen	€ 1,69	Leberkäse mit Brötchen	€ 1,79
Rindswurst mit Brötchen	€ 1,79	Pommes spezial (Zwiebel & Mayo & Ketchup)	€ 1,53
Curry-Rindswurst mit Brötchen	€ 1,94		

GETRÄNKEKARTE

	Preis		Preis
Kaffee	€ 0,77	Kakao 0,5l	€ 0,97
Wasser 0,2l	€ 0,51	Bier 0,5l	€ 1,12
Wasser 0,7l	€ 1,02	Pfläumchen	€ 1,28
Cola, Fanta, Sprite 0,33l	€ 0.82		

Answer in English

1 What exactly could you get for breakfast here?

2 How often do their midday menus change?

3 How much would you have to pay for:

    a Chips?

    b Chips, onions, mayonnaise and ketchup?

    c 0.7 litre bottle of water?

    d a coffee?

Aussagesätze

These are the key phrases you have learned in this chapter:

Was isst / trinkst du gern?	*What do you like to eat / to drink?*
Was ist dein Lieblingsessen?	*What is your favourite food?*
Magst du gern … ?	*Do you like … ?*
Schmeckt dir das?	*Do you like it?*
Wie schmeckt das?	*Do you like it?*
Das schmeckt mir gut.	*I like it a lot.*
Das ist (nicht) lecker.	*That tastes nice (does not taste nice).*
Das mag ich (nicht).	*I like (don't like) that.*
Das schmeckt (zu) süß / sauer.	*That is (too) sweet / sour.*
Das ist (zu) heiß / kalt.	*That is (too) hot / cold.*

Wir möchten bitte einen Tisch für vier.	*We would like a table for four, please.*
Ich möchte bitte bestellen.	*I would like to order, please.*
Was möchten Sie essen / trinken?	*What would you like to eat / drink?*
Was nehmen Sie?	*What are you having?*
Ich möchte bitte eine Suppe.	*I would like a soup, please.*
Für mich … .	*For me … .*
Sonst noch etwas?	*Anything else?*
Das ist alles.	*That's all.*

Die Rechnung, bitte!	*The bill, please.*
Was hatten Sie zu essen / trinken?	*What did you have to eat / drink?*
Ich möchte bitte bezahlen.	*I would like to pay.*
Kann man mit Kreditkarten bezahlen?	*Can I pay by credit card?*

Das macht zusammen 35 Euro.	*That's 35 Euro altogether.*
Stimmt so.	*Keep the change.*

Setz dich, bitte.	*Please sit down!*
Was gibt es zum Mittagessen?	*What's for lunch?*
Greif zu!	*Help yourself!*
Kannst du mir bitte … reichen?	*Could you pass … , please?*
Gibst du mir bitte … ?	*Could you hand me …, please.*
Darf ich (noch) … haben?	*Could I have (another) … ?*
Möchtest du noch mehr … ?	*Would you like some more … ?*
Ja, bitte.	*Yes, please.*
Nein danke, ich habe noch.	*No thank you, I still have some.*
Ich bin schon satt.	*I'm full up already.*
Wie sieht es aus?	*What does it look like?*

Grammatik

1 Pronouns

We have already seen how we use personal pronouns instead of names or nouns to "streamline" our German. In English, as in German, pronouns change according to their case:

e.g. Ich sehe den Mann.   (**ich** is nominative, the subject of the verb)

Der Mann sieht **mich**.   (**mich** is accusative, the direct object of the verb)

Der Mann gibt **mir** das Buch   (**mir** is dative, the indirect object of the verb)

This table will help you decide which pronoun you need to use:

Nominative	Accusative	Dative
ich (I)	mich(me)	mir (to me)
du (you)*	dich (you)*	dir (to you)*
er (he, it)+	ihn (him, it)+	ihm (to him,it)+
sie (she, it)+	sie (she, it)+	ihr (to her, it)+
es (it)	es (it)	ihm (to it)
wir (we)	uns (us)	uns (to us)
ihr (you)*	euch (you)*	euch (to you)*
Sie (you)*	Sie (you)*	Ihnen (to you)*
sie (they)	sie (they)	ihnen (to them)

*Remember: There are three ways of saying "you" in German – and each one has its own accusative and dative forms!

+Er, **sie** and **es** can all mean "it", depending on whether the "thing" is masculine, feminine or neuter!

2 ich möchte

We have already met the modal verb **mögen** (to like), but the most common and most useful form of the verb is **ich möchte** ... which means "I would like ..." .

e.g. Ich **möchte** Tennis spielen.   I would like to play tennis.

Was **möchtest** du machen?   What would you like to do?

Ich **möchte** ein Eis, bitte.   I would like an ice cream.

3 Inseparable verbs

Inseparable verbs begin with the prefixes **be**-, **ver**-, **er**-, **ent**-, **zer**-, **emp**-, **miss**- and **ge**-.

They never separate.

e.g. Und ich **bezahle**!

Ich **bestelle** das Essen.

Italienische Imbissbuden **verkaufen** Pizza.

Er **versteckt** Eier im Garten.

Wir werden Eier **bemalen**.

Vokabeltipp die Zahlen

0	null	16	sechzehn	32	zweiunddreißig	102	(ein)hundertzwei
1	eins	17	siebzehn	33	dreiunddreißig	103	(ein)hundertdrei
2	zwei	18	achtzehn	34	vierunddreißig	125	(ein)hundertfünf-undzwanzig
3	drei	19	neunzehn	35	fünfunddreißig		
4	vier	20	zwanzig	36	sechsunddreißig	200	zweihundert
5	fünf	21	einundzwanzig	37	siebenunddreißig	300	dreihundert
6	sechs	22	zweiundzwanzig	38	achtunddreißig	1000	tausend
7	sieben	23	dreiundzwanzig	39	neununddreißig	3000	dreitausend
8	acht	24	vierundzwanzig	40	vierzig	1984	neunzehnhundert-vierundachtzig
9	neun	25	fünfundzwanzig	50	fünfzig		
10	zehn	26	sechsundzwanzig	60	sechzig	2002	zweitausendzwei
11	elf	27	siebenundzwanzig	70	siebzig	1.000.000	eine Million
12	zwölf	28	achtundzwanzig	80	achtzig		
13	dreizehn	29	neunundzwanzig	90	neunzig		
14	vierzehn	30	dreißig	100	(ein)hundert		
15	fünfzehn	31	einunddreißig	101	(ein)hunderteins		

Wie spät ist es? / Wie viel Uhr ist es?

Es ist ein Uhr.	It is 1 o'clock.	*Es ist fünf nach drei.*	It is five past three.
Es ist fünf Uhr.	It is 5 o'clock.	*Es ist viertel nach vier.*	It is a quarter past four.
Es ist 21 Uhr.	It is 21.00/It is 9.00 p.m.	*Es ist zwanzig vor fünf.*	It is twenty to five.
Es ist Mittag.	It is midday.	*Es ist viertel vor sechs.*	It is a quarter to six.
Es ist Mitternacht.	It is midnight.	*Es ist halb zwei.*	It is half past one.

die Zahlen

1st	ersten	9th	neunten	26th	sechsundzwanzigsten
2nd	zweiten	10th	zehnten	27th	siebenundzwanzigsten
3rd	dritten	20th	zwanzigsten	28th	achtundzwanzigsten
4th	vierten	21st	einundzwanzigsten	29th	neunundzwanzigsten
5th	fünften	22nd	zweiundzwanzigsten	30th	dreißigsten
6th	sechsten	23rd	dreiundzwanzigsten	31st	einunddreißigsten
7th	siebten	24th	vierundzwanzigsten	40th	vierzigsten
8th	achten	25th	fünfundzwanzigsten		

Die Tage der Woche

Montag, Dienstag, Mittwoch, Donnerstag, Freitag, Samstag, Sonnabend / Sonntag

Die Monate

Januar, Februar, März, April, Mai, Juni, Juli, August, September, Oktober, November, Dezember

Ich habe am ersten Januar Geburtstag.	My birthday is 1st January.
Mein Geburtstag ist am sechzehnten September.	My birthday is on 16th September.
Ich bin am sechsundzwanzigsten April geboren.	I was born on 26th April.

Grammatik *A quick reminder:*

1 Endings

I der, die, das, die

Case	Masculine	Feminine	Neuter	Plural
Nom.	der	die	das	die
Acc.	den	die	das	die
Dat.	dem	der	dem	den

II ein, eine, ein, keine

Case	Masculine	Feminine	Neuter	Plural
Nom.	ein	eine	ein	keine
Acc.	einen	eine	ein	keine
Dat.	einem	einer	einem	keinen

III Possessives (mein, dein, sein, ihr, unser, euer, ihr):

Masculine: the same endings as **ein**

Nom.	mein	dein	sein	ihr	Ihr	unser	euer	ihr
Acc.	meinen	deinen	seinen	ihren	Ihren	unseren	eueren	ihren
Dat.	meinem	deinem	seinem	ihrem	Ihrem	unserem	euerem	ihrem

Feminine: the same endings as **eine**

Nom.	meine	deine	seine	ihre	Ihre	unsere	euere	ihre
Acc.	meine	deine	seine	ihre	Ihre	unsere	euere	ihre
Dat.	meiner	deiner	seiner	ihrer	Ihrer	unserer	euerer	ihrer

Neuter: the same endings as **ein**

Nom.	mein	dein	sein	ihr	Ihr	unser	euer	ihr
Acc.	mein	dein	sein	ihr	Ihr	unser	euer	ihr
Dat.	meinem	deinem	seinem	ihrem	Ihrem	unserem	euerem	ihrem

Plural: the same endings as **die** (plural)

Nom.	meine	deine	seine	ihre	Ihre	unsere	euere	ihre
Acc.	meine	deine	seine	ihre	Ihre	unsere	euere	ihre
Dat.	meinen	deinen	seinen	ihren	Ihren	unseren	eueren	ihren

IV Endings of adjectives used with der / die / das:

Case	Masculine	Feminine	Neuter	Plural
Nom.	der schön**e** Garten	die klein**e** Garage	das groß**e** Haus	die alt**en** Häuser
Acc.	den schön**en** Garten	die klein**e** Garage	das groß**e** Haus	die alt**en** Häuser
Dat.	dem schön**en** Garten	der klein**en** Garage	dem groß**en** Haus	den alt**en** Häuser**n**

V Endings of adjectives used with ein / eine / ein / kein and possessives (mein / dein / sein / ihr / unser / euer / ihr):

Case	Masculine	Feminine	Neuter	Plural
Nom.	ein schön**er** Garten	eine klein**e** Garage	ein groß**es** Haus	keine alt**en** Häuser
Acc.	einen schön**en** Garten	eine klein**e** Garage	ein groß**es** Haus	keine alt**en** Häuser
Dat.	einem schön**en** Garten	einer klein**en** Garage	einem groß**en** Haus	keinen alt**en** Häuser**n**

VI   Endings of adjectives used without an article:

Case	Masculine	Feminine	Neuter	Plural
Nom.	schön**er** Garten	klein**e** Garage	groß**es** Haus	alt**e** Häuser
Acc.	schön**en** Garten	klein**e** Garage	groß**es** Haus	alt**e** Häuser
Dat.	schön**em** Garten	klein**er** Garage	groß**em** Haus	alt**en** Häuser**n**

2   Verbs

I   Weak Verbs

wohnen	**(to live)**
ich wohn**e**	I live
du wohn**st**	you live (to one person you call by his / her first name)
er wohn**t**	he, it lives (for a masculine word)
sie wohn**t**	she, it lives (for a feminine word)
es wohn**t**	it lives (for a neuter word)
wir wohn**en**	we live
ihr wohn**t**	you live (to more than one person you call by their first names)
Sie wohn**en**	you live (polite, for older people you don't know)
sie wohn**en**	they live

Verbs which end in **-ten**, **-den** or **-nen** add an extra **-e-** before the **-t** and **-st**:

e.g. arbeiten: Er arbeit**e**t.

  finden: Du find**e**st das komisch.

II   Separable verbs

e.g. aufwachen   to wake up

  fernsehen   to watch television

The prefix **separates** from the verb and **goes to the end**:

e.g. David **steht** um 7 Uhr **auf**.

III   Inseparable verbs

Inseparable verbs begin with the prefixes **be-**, **ver-**, **er-**, **ent-**, **zer-**, **emp**, **miss-**, and **ge-**.

e.g. Italienische Imbissbuden **verkaufen** Pizza.

IV   Reflexive Verbs

mich, **dich**, **sich**, **uns** and **euch** are reflexive pronouns.

e.g. Wann wäschst du **dich**?

  Wäschst du **dich** im Badezimmer?

V   Strong Verbs

Strong verbs are irregular and have to be learned separately. Some verbs add an umlaut, some change a key vowel:

e.g.	**fahren**	du f**ä**hrst	er/sie/es f**ä**hrt	to travel / go
	helfen	du h**i**lfst	er/sie/es h**i**lft	to help
	sehen	du s**ie**hst	er/sie/es s**ie**ht	to see
	geben	du g**i**bst	er/sie/es g**i**bt	to give

VI   Irregular verbs

The two most commonly used irregular verbs are **haben** and **sein**:

haben (to have)		**sein** (to be)	
ich habe	I have	**ich bin**	I am
du hast	you have	**du bist**	you are
er, sie, es hat	he, she, it has	**er, sie, es ist**	he, she, it is
wir haben	we have	**wir sind**	we are
ihr habt	you have	**ihr seid**	you are
sie haben	they have	**sie sind**	they are
Sie haben	you have	**Sie sind**	you are

VII   Modal verbs

Modal verbs are very often used with another verb, which is put at the end of the sentence in its infinitive form (ending in "n" or "en").

können (to be able to, 'can')

müssen (to have to, 'must')

wollen (to want to)

mögen (to like)

sollen (to be supposed to, to be meant to, to be due to),

dürfen (to be allowed to, 'may')

Note: you do not need to use **zu** with these verbs

e.g. Du **mußt** im Haushalt **helfen**.

Note: A very useful form of **mögen** is

ich möchte – I would like

e.g. Ich möchte Tennis spielen.

VIII zu + Verben

We use **zu** with many verbs:

e.g. Hast du Lust, Tennis **zu spielen**?

Ich habe keine Lust, ins Kino **zu gehen**.

If a **separable** verb stands at the end of the sentence, the **zu** is placed between the prefix and the verb:

e.g. Ich habe keine Lust, früh auf**zu**stehen.

IX Imperative

a The **du** form. Take the **du** form of the verb in the present tense and take off the -**st** ending:

e.g. du gehst .... **geh**!   du gibst .... **gib**!

Verbs that add an umlaut in the **du** form drop it again in the imperative:

e.g. du schläfst .... **schlaf**!

b The **ihr** form. Take the **ihr** form of the verb in the present tense:

e.g. ihr geht .... **geht**!

c The **Sie** form. Take the **Sie** form of the verb in the present tense. Turn the verb and **Sie** around.

e.g. Sie bleiben .... **bleiben Sie**!

The verb **sein** is different:

Sei gut! be good!   (du form)

Seid gut! be good!   (ihr form)

Seien Sie gut! be good! (Sie form)

Separable verbs send the prefix to the end:

e.g. Steh um sechs Uhr **auf**!

Reflexive verbs have the reflexive pronoun after the verb:

e.g. Setzt **euch**!

3 Word Order

In German the verb is always the second idea or element in a sentence. **e.g.**

1	2	3	4	5
Sie	**steht**	jeden Morgen	früh	auf.
Jeden Morgen	**steht**	sie	früh	auf.

4 Negatives

Nicht is used to make a sentence negative:

e.g. Schreib **nicht** ins Buch!

5 Prepositions

I with the accusative

für, um, durch, gegen, entlang, bis, ohne wider

e.g. Das ist ein Geschenk **für meinen** Vater.

Note: Was für + the accusative:

e.g. Was für einen Computer gibt es in deinem Zimmer?

II with the dative

an, auf, hinter, in, mit, nach, neben, unter, von, vor, zu, zwischen

e.g. Heinz sitzt **zwischen den** Lampen.

Remember that in the dative plural we add –**n** or –**en** to the noun unless it already ends in –**s** or –**n**.

III with the dative or the accusative

an, auf, hinter, in, über, unter, neben, vor, zwischen

Remember: dative for position and accusative for movement

e.g. Ich wohne **in der** Stadt. (dative)

Ich gehe **in die** Stadt. (accusative)

Note: Sometimes the preposition and the word following join together:

an + das = **ans**	auf + das = **aufs**
an + dem = **am**	zu der = **zur**
in + das = **ins**	zu dem = **zum**
in + dem = **im**	

6 Pronomen

Nominative	Reflexive	Accusative	Dative
ich (I)	mich (myself)	mich (me)	mir (to me)
du (you)	dich (yourself)	dich (you)	dir (to you)
er (he, it)	sich (himself)	ihn (him, it)	ihm (to him, it)
sie (she, it)	sich (herself)	sie (she, it)	ihr (to her, it)
es (it)	sich (itself)	es (it)	ihm (to it)
wir (we)	uns (ourselves)	uns (us)	uns (to us)
ihr (you)	euch (yourselves)	euch (you)	euch (to you)
Sie (you)	sich (themselves)	Sie (you)	Ihnen (to you)
sie (they)	sich (themselves)	sie (they)	ihnen (to them)

Grammatik | *Irregular verb table*

1 The following verbs are only irregular in the **du** and **er**, **sie**, **es** forms:

English	Verb	Present
	infinitive	er, sie, es
to begin	beginnen	beginnt
to eat	essen	isst
to travel, to go	fahren	fährt
to give	geben	gibt
to help	helfen	hilft
to leave	lassen	lässt
to run	laufen	läuft
to read	lesen	liest
to take	nehmen	nimmt
to sleep	schlafen	schläft
to see	sehen	sieht
to speak	sprechen	spricht
to meet	treffen	trifft
to forget	vergessen	vergisst
to wash	waschen	wäscht
to become	werden	wird
to throw	werfen	wirft

2 The following verbs are irregular in most forms:

haben (to have)

ich	**habe**	wir	**haben**
du	**hast**	ihr	**habt**
er/sie/es	**hat**	Sie/sie	**haben**

sein (to be)

ich	**bin**	wir	**sind**
du	**bist**	ihr	**seid**
er/sie/es	**ist**	Sie/sie	**sind**

3 Modal verbs

können (to be able to, 'can')

ich	**kann**	wir	**können**
du	**kannst**	ihr	**könnt**
er/sie/es	**kann**	Sie/sie	**können**

müssen (to have to, 'must')

ich	**muss**	wir	**müssen**
du	**musst**	ihr	**müsst**
er/sie/es	**muss**	Sie/sie	**müssen**

wollen (to want to)

ich	**will**	wir	**wollen**
du	**willst**	ihr	**wollt**
er/sie/es	**will**	Sie/sie	**wollen**

sollen (to be supposed to, to be meant to, to be due to)

ich	**soll**	wir	**sollen**
du	**sollst**	ihr	**sollt**
er/sie/es	**soll**	Sie/sie	**sollen**

dürfen (to be allowed to, 'may')

ich	**darf**	wir	**dürfen**
du	**darfst**	ihr	**dürft**
er/sie/es	**darf**	Sie/sie	**dürfen**

mögen (to like)

ich	**mag**	wir	**mögen**
du	**magst**	ihr	**mögt**
er/sie/es	**mag**	Sie/sie	**mögen**

Wortschatz Deutsch – English

German		English
A		
	ab und zu	off and on, now and then
der	Abend (-e)	the evening
das	Abendessen (-)	dinner
	abends	in the evening
	abholen	to pick … up
	abspülen	to wash the dishes
	abtrocknen	to dry the dishes
der	Actionfilm (-e)	action film
	allein	alone, on your own
	Alles klar?	How are you? Alright?
	alt	old
	Amerika	America
der/die	Amerikaner (-in)	American
	anders	different(ly)
	anderswo	elsewhere
	Angst haben	to be afraid
	(sich) anziehen	to put on / to get dressed
der	Apfel (Äpfel)	apple
der	Apfelsaft	apple juice
die	Apfelsine (-n)	orange
(der)	April	April
das	Aquarium (Aquarien)	aquarium
die	Arbeit	work
	arbeiten	to work
	auch	also, too
	Auf Wiedersehen!	Good bye!
	aufräumen	to tidy up
	aufstehen	to get up
der	Auftritt (-e)	appearance (on stage)
	aufwachen	to wake up
das	Auge (-n)	eye
(der)	August	August
das	Auto (-s)	car
B		
	babysitten	to babysit
das	Bad (Bäder)	bath, bathroom
das	Badezimmer (-)	bathroom
der	Balkon (-s)	balcony
die	Banane (-n)	banana
die	Bandprobe (-n)	band practice
die	Bank (Bänke)	bench
die	Bank (-en)	bank
die	Bedienung (-en)	waitress / waiter / service
die	Beilage (-n)	side dish
das	belegte Brot (-e)	sandwich
	Belgien	Belgium
der/die	Belgier (in)	Belgian
	bemalt	painted
der	Bernhardiner (-)	St. Bernard dog
	bestellen	to order
der	Besuch (-e)	visit
das	Bett (-en)	bed
	bezahlen	to pay
das	Bier (-e)	beer
das	Bild (-er)	picture
die	Biologie	biology
	bis	until
	bis bald	see you soon
	bitte	please
	bitter	bitter
das	Blatt Papier (Blätter Papier)	piece of paper
	blau	blue
	blöd	stupid
	blond	blond
die	Blume (-n)	flower
die	Bockwurst (~würste)	large frankfurter sausage
der	Braten (-)	roast meat
die	Bratwurst (~würste)	fried sausage
	brauchen	to need
	braun	brown
der/die	Brite / Britin	British man / woman
das	Brot (-e)	bread
das	Brötchen (-)	crusty roll
der	Bruder (Brüder)	brother
das	Buch (Bücher)	book
die	Bude (-n)	kiosk, den
	bunt	multicoloured
das	Büro (-s)	study / office
der	Bus (-se)	bus
die	Butter	butter
das	Butterbrot (-e)	sandwich
C		
das	Café (-s)	café
der	CD-Spieler (-)	CD player
das	Chaos	chaos
die	Chemie	chemistry
die	Chips (pl.)	crisps
der	Chor (Chöre)	choir
der	Computer (-)	computer
	cool	cool

die	Cornflakes (pl.)	breakfast cereal
der	Cousin (-s)	cousin

D

das	Dach (Dächer)	roof
	Deutsch	German
der/die	Deutsche (-r)	German
	Deutschland	Germany
(der)	Dezember	December
der	Dienstag	Tuesday
die	Disko (-s)	disco
die	Dokumentation (-en)	documentary
der	Donnerstag	Thursday
	doof	stupid
das	Dorf (Dörfer)	village
das	Drama (-s)	drama
	drohen mit	to threaten with
	du	you
	durch	through
das	DVD (-s)	DVD
die	DVD-Sammlung (-en)	DVD-collection

E

das	Ei (-er)	egg
	eigen	own
	einfach	easy
	einkaufen gehen	to go shopping
das	Eis (-)	ice cream
die	Eltern (pl.)	parents
	England	England
der/die	Engländer (-in)	English man / woman
	Englisch	English
die	Entschuldigung (-en)	sorry / apology / excuse me
die	Erdbeere (-n)	strawberry
das	Erdgeschoss (-e)	ground floor
die	Erdkunde	geography
	ernst	serious
das	Essen (-)	food
	essen	to eat
das	Esszimmer (-)	dining room
die	Etage (-n)	floor

F

das	Fach (Fächer)	subject
das	Fahrrad (Fahrräder)	bicycle
	fahren	to travel, go (by vehicle)
	falsch	wrong
	faul	lazy
(der)	Februar	February

das	Fell (-e)	coat / fur (of an animal)
das	Fenster (-)	window
	fernsehen	to watch TV
der	Fernseher (-)	television set
die	Fernsehserie (-n)	soap
das	Fest (-e)	a festival
	fettig	greasy
der	Fisch (-e)	fish
	flämisch	Flemish
	fleißig	hard-working
die	Fliege (-n)	fly
der	Flur (-e)	hall
das	Foto (-s)	photo
	fotografieren	to take photographs
	Frankreich	France
der/die	Franzose / Französin	French man / woman
	französisch	French
die	Frau (-en)	lady, wife, Mrs
der	Freitag	Friday
die	Freizeit	free time
der	Freund (-e)	friend (m.)
	Freunde treffen	to meet up with friends
die	Freundin (Freundinnen)	friend (f.)
	friedlich	peaceful
	früh	early
der	Frühling	spring
das	Frühstück (-e)	breakfast
der	Fußball (~bälle)	football
der	Fußballplatz (~plätze)	football pitch
das	Fußballturnier (-e)	a football match

G

	gälisch	Welsh
	ganz rechts	on the far right
die	Garage (-n)	garage
der	Garten (Gärten)	garden
der	Gast (Gäste)	guest
das	Gästezimmer (-)	guestroom
der	Geburtstag (-e)	birthday
	gehen	to go (on foot)
	gemütlich	comfortable
	gerade	straight
	geradeaus	straight on
das	Gericht (-e)	meal
die	Geschichte (-n)	history, story
	geschieden	divorced
die	Geschwister (pl.)	brothers and sisters
die	Gesellschaft (-en)	society / company
das	Getränk (-e)	drink
die	Gitarre (-n)	guitar
	grau	grey

der/die	Grieche / Griechin	Greek man / woman
	Griechenland	Greece
	griechisch	Greek
	groß	tall
	Großbritannien	Great Britain
die	Großeltern (pl.)	grandparents
die	Großmutter (~mütter)	grandmother
der	Großvater (~väter)	grandfather
	grün	green
	gut	good
	Gute Nacht	Good night
	Guten Abend	Good evening
	Guten Morgen	Good morning
	Guten Tag	Good morning / afternoon

H

das	Haar (-e)	hair
das	Hähnchen (-)	(fried) chicken
	Hallo	hello
der	Hamster (-)	hamster
das	Handy (-s)	mobile phone
	hässlich	ugly
das	Hauptgericht (-e)	main course
das	Haus (Häuser)	house
die	Hausaufgaben (pl.)	homework
das	Heft (-e)	exercise book
	heiß	hot
	hellblau	light blue
der	Herbst	autumn
	heute	today
das	Himmelbett (~betten)	four poster bed
	hinten	at the back
das	Hobby (-s)	hobby
das	Hochhaus (~häuser)	high rise building
	höflich	polite
der	Honig	honey
	hören	to hear, listen to
der	Horrorfilm (-e)	horror film
die	Hose (-n)	trousers
	hübsch	pretty
der	Hund (-e)	dog

I

	Igitt!	Yuk!
	immer	always
die	Informatik	ICT
der	Inlineskate	rollerblade
	interessant	interesting
auf dem Internet surfen		to surf the net
ein (m.) Interview machen		to conduct an interview

der/die	Ire / Irin	Irishman / woman
	Irland	Ireland
	Italien	Italy
der/die	Italiener (in)	Italian man / woman
	italienisch	Italian

J

die	Jacke (-n)	jacket
(der)	Januar	January
	jeder, jede, jedes	each
	jetzt	now
der/das	Joghurt (-s)	yoghurt
das	Jugendzentrum (~zentren)	youth club
(der)	Juli	July
	jung	young
(der)	Juni	June

K

der	Kaffee (-s)	coffee
	kalt	cold
das	Kaninchen (-)	rabbit
die	Kartoffel (-n)	potatoes
der	Käse (-)	cheese
die	Katze (-n)	cat
der	Keller (-)	cellar
der	Kellner (-)	waiter
der	Ketchup (-s)	ketchup
die	Kindersendung (-en)	children's programme
das	Kino (-s)	cinema
die	Kirsche (-n)	cherry
die	Klamotten (pl.)	clothes (colloquial)
der	Kleiderschrank (~schränke)	wardrobe
	klein	small
	kochen	to cook
	kommen	to come
die	Komödie (-n)	comedy
das	Konzert (-e)	concert
	Krach machen	to be noisy
	krank werden	to get ill
	kraus	frizzy
die	Kreditkarte (-n)	credit card
	kriegen	to get
der	Krimi (-s)	thriller
die	Küche (-n)	kitchen
der	Kuchen (-)	cake
die	Kunst	art
	kurz	short

L

das	Lamm (Lämmer)	lamb
die	Lampe (-n)	lamp
das	Land (Länder)	country
	lang	long
	langsam	slow
	langsamer	slower
	langweilig	boring
	laut	noisy
der/die	Lebenspartner (in)	live-in partner (m. / f.)
	lecker	delicious
	ledig	unmarried
der	Lehrer (-)	teacher (m.)
die	Lehrerin (-nen)	teacher (f.)
	leihen	to lend
	lernen	to learn
	lesen	to read
	lieb	sweet
die	Liebe	love
der	Liebesfilm (-e)	romance
das	Lieblingsfach (~fächer)	favourite subject
	Liechtenstein	Liechtenstein
der/die	Liechtensteiner (-in)	Liechtensteiner (m. / f.)
die	Limonade (-n)	lemonade
	links	on the left
	locker	cool
	lockig	curly
	lustig	funny
	Luxemburg	Luxembourg
der/die	Luxemburger (-in)	Luxemburger (m. / f.)
die	Luxus-Wohnung (-en)	luxury apartment

M

	machen	to do / make
der	Magen (Mägen)	stomach
(der)	Mai	May
	malen	to paint
	man	one, you
	manchmal	sometimes
der	Mann (Männer)	man
die	Marmelade (-n)	jam
(der)	März	March
die	Mathe(mathik)	maths
	meistens	mainly, most of the time
die	Milch	milk
das	Mineralwasser (-)	mineral water
das	Mittagessen (-)	lunch
	mittags	at lunchtime

die	Mitte	middle
	mittelgroß	average height
	mittellang	average length
der	Mittwoch	Wednesday
	modern	modern
die	Möhre (-n)	carrot
der	Montag	Monday
der	Morgen (-)	the morning
	morgen	tomorrow
	morgens	in the morning
der	Müll	rubbish
das	Museum (Museen)	museum
das	Musical (-s)	musical
die	Musik	music
	Musik hören	to listen to music
die	Musiksendung (-en)	music programme
die	Mutter (Mütter)	mother
die	Mutti (-s), Mama (-s), Mami (-s)	mum, mam, mummy

N

der/die	Nachbar (in)	neighbour, person next to you
der	Nachmittag (-e)	the afternoon
	nachmittags	in the afternoon
die	Nacht (Nächte)	the night
der	Nachtisch (-e) / das Dessert (-s)	dessert
		dessert
	nachts	at night
in der	Nähe von	near
	nett	nice
	neu	new
	nicht	not
	nichts	nothing
	nie	never
die	Niederlande	Netherlands
der/die	Niederländer (in)	Dutch (m. / f.)
	niederländisch	Dutch
	nochmal	again
	Nord	north
im	Norden	in the north
	normal	normal
(der)	November	November
die	Nudel (-n)	pasta / noodle
die	Nummer (-n)	number

O

	oben	at the top
	oft	often
(der)	Oktober	October
die	Oma (-s), Omi (-s), Großmama (-)	gran, granny, grandma
der	Onkel (-)	uncle
der	Opa (-s), Opi (-s), Großpapa (-s)	granddad, grandpa
	orange	orange (colour)
die	Orange (-n)	orange (fruit)
die	Orangenmarmelade (-n)	marmalade
der	Orangensaft (~säfte)	orange juice
	Ost	east
im	Osten	in the east
das	Osterei (-er)	Easter egg
das	Osterfeuer (-)	Easter bonfire
der	Osterhase (-en)	Easter bunny
das	Ostern	Easter
	Österreich	Austria
der/die	Österreicher (in)	Austrian man / woman
	österreichisch	Austrian

P

der	Partykeller (-)	party cellar
der	Pfeffer	pepper
das	Pferd (-e)	horse
die	Physik	physics
die	Pizza (Pizzen)	pizza
der	Plan (Pläne)	plan
der/die	Pole / Polin	Polish man / woman
	Polen	Poland
	polnisch	Polish
die	Pommes (Frites)	chips
das	Poster (-)	poster
der	Pullover (-)	pullover

Q

die	...qm Wohnfläche	... m² living area

R

den	Rasen mähen	to mow the lawn
die	Ratte (-n)	rat
	raus gehen	to go out
die	Rechnung (-en)	bill
	rechts	right
das	Regal (-e)	shelf
der	Regisseur (-e)	director

der	Reis	rice
	reiten	to ride
die	Religion (-en)	RE, religion
	renovierungsbedürftig	in need of renovation
das	Restaurant (-s)	restaurant
	richtig	correct, right
der	Rock (Röcke)	skirt
	Rollschuh fahren	to go roller skating
	rosa	pink
	rot	red, ginger (hair)
	ruhig	quiet
der/die	Russe / Russin	Russian man / woman
	russisch	Russian
	Russland	Russia

S

der	Salat (-e)	salad
das	Salz	salt
	salzig	salty
die	Sammlung (-en)	collection
der	Samstag	Saturday
	sauer	sour
das	Sauerkraut	pickled, cooked cabbage
	scharf	hot, spicy
	mild	mild, bland
die	Schildkröte (-n)	tortoise
der	Schinken (-)	ham
	schlafen	to sleep
das	Schlafzimmer (-)	bedroom
der	Schlüssel (-)	key
das	Schlüsselkind (-er)	latchkey child
die	Schnecke (-n)	snail
die	Schokolade (-n)	chocolate
	schön	beautiful / handsome
der	Schotte (-n)	Scot (m.)
	schottisch	Scottish
die	Schottin (-nen)	Scot (f.)
	Schottland	Scotland
der	Schrank (Schränke)	cupboard
	schreiben	to write
der	Schreibtisch (-e)	desk
die	Schuhe (pl.)	shoes
die	Schule (-n)	school
der	Schulweg (-e)	way to school
	schwarz	black
die	Schweiz	Switzerland
der/die	Schweizer (in)	Swiss man / woman
die	Schwester (-n)	sister
	schwierig	difficult
	schwimmen	to swim

die	Seite (-n)	page
	selten	rarely
der	Senf	mustard
(der)	September	September
der	Sessel (-)	seat
	sich abtrocknen	to dry (oneself)
	sich anziehen	to dress (oneself)
	sich ausziehen	to undress (oneself)
	sich duschen	to shower
	sich fönen	to blow dry
	sich freuen auf …	to look forward to …
	sich interessieren für …	to be interested in …
	sich kämmen	to comb
	sich rasieren	to shave
	sich schminken	to put on make up
	sich umziehen	to get changed
	sich waschen	to wash (oneself)
das	Skateboard (-s)	skateboard
	Ski fahren	to ski
das	Sofa (-s)	sofa
der	Sommer	summer
der	Sonnabend	Saturday
der	Sonntag	Sunday
die	Sozialkunde	social studies
	Spanien	Spain
der/die	Spanier (in)	Spaniard (m. / f.)
	spanisch	Spanish
der	Spaß	fun
	spät	late
die	Speisekarte (-n)	menu
	spielen	to play
der	Spielfilm (-e)	film
die	Spielshow (-s)	game show
der	Sport	PE
	Sport treiben	to do sport
	sportlich	sporty
die	Sportsendung (-en)	sports programme
die	Stadt (Städte)	town
die	Stadtmitte (-n)	town centre
der	Stadtrand (~ränder)	edge of town
	Staub saugen	to do the vacuuming
die	Stiefmutter (~mütter)	stepmother
der	Stiefvater (~väter)	stepfather
der	Stift (-e)	pen
	stimmen	to be correct / right
der	Stock (Stöcke)	floor / level
der	Stuhl (Stühle)	chair
der	Stummfilm (-e)	silent movie
	suchen	to look for
	Süd	south
im	Süden	in the south

die	Suppe (-n)	soup
	suspekt	suspicious
	süß	sweet, cute

T

die	Tagessuppe (-n)	soup of the day
die	Talkshow (-s)	talkshow
die	Tante (-n)	aunt
	tanzen	to dance
die	Tasche (-n)	bag
die	Technologie	technology
der	Tee (-s)	tea
die	Telefonnummer (-n)	telephone number
das	Tennis	tennis
die	Tennismannschaft (-en)	tennis team
der	Teppich (-e)	carpet
	teuer	expensive
das	Theater (-)	theatre
der	Tisch (-e)	table
das	Tischtennis	table tennis
die	Toilette (-n)	toilet
	toll	great
die	Tomate (-n)	tomato
die	Torte (-n)	gateau
	treffen	to meet
die	Treppe (-n)	staircase
	trinken	to drink
	Tschüs	bye
das	T-Shirt (-s)	t-shirt
die	Tür (-en)	door
der	Türke (-en)	Turk (m.)
die	Türkei	Turkey
die	Türkin (-nen)	Turk (f.)
	türkisch	Turkish
das	TV (-s)	television
	typisch	typical

U

	ungemütlich	uncomfortable
	unten	at the bottom / below

V

der	Vater (Väter)	father
der	Vati (-s), Papa (-s), Papi (-s)	dad, daddy
der	Vegetarier (-)	vegetarian
	verdorben	evil, spoilt
der	Verein (-e)	club
	verheiratet	married

	verknöchert	fossilised, like an old fossil
	verschieden	different
	verstecken	to hide
der/die	Verwandte (-n)	relation
der	Verweis (-e)	some sort of punishment
das	Video (-s)	video
der	Videorecorder (-)	video recorder
	viel	a lot
	vielleicht	perhaps, maybe
	violett	violet
	lila	lilac, purple
der	Vogel (Vögel)	bird
	von	from, of
	vormittags	in the mornings
	vorne	at the front
die	Vorspeise (-en)	starter

W

	Wales	Wales
der/die	Waliser (in)	Welsh man / woman
	walisisch	Welsh
die	Wand (Wände)	wall
	wann … ?	when …?
	warm	warm
	warten	to wait
	warum … ?	why … ?
der	Wein (-e)	wine
	weiß	white
	weit weg	far away
	welche … ?	which … ?
	West	west
im	Westen	in the west
der	Western (-)	western movie
	wie … ?	how … ?
	wie bitte?	pardon? / sorry?
	Wien	Vienna
der	Winter	winter
	wirklich	really
der	Witz (-e)	joke
	wo … ?	where … ?
die	Woche (-n)	week
das	Wochenende (-n)	weekend
	woher … ?	where … from?
das	Wohnblock (-blöcke)	block of flats
	wohnen	to live
die	Wohnung (-en)	flat
das	Wohnzimmer (-)	living room / lounge
die	Wurst (Würste)	sausage
das	Würstchen (-)	small sausage

Z

die	Zentralheizung (-en)	central heating
das	Zimmer (-)	room
die	Zitrone (-n)	lemon
der	Zucker	sugar
der	Zug (Züge)	train

Grammar Reference

before
below.